Markus Tiedemann
Liebe Fanatiker!

Markus Tiedemann

Liebe Fanatiker!

Gegen extreme Überzeugungen

Alle Rechte vorbehalten • Societäts-Verlag
© 2016 Frankfurter Societäts-Medien GmbH
Satz: Julia Desch, Societäts-Verlag
Umschlaggestaltung: Julia Desch, Societäts-Verlag
Druck und Verarbeitung: CPI books GmbH, Leck
Printed in Germany 2016

ISBN 978-3-95542-195-3

Für Jascha und Lukas,
die diese Briefe
anonym während der
Konfirmationszeit erhielten.

Inhalt

Über Religion, Meinungsfreiheit und Rechtsstaat

Über Atheismus und Ethik

Über Religion und Lebensqualität

Wer willst du sein?

In unseren Tagen wird viel über den Stellenwert der Religion gestritten. Vielleicht fühlst du dich dadurch gestört, beleidigt oder provoziert. Vielleicht gehörst du zu jenen, die am liebsten alle Kritik an den Religionen verbieten würden. Vielleicht gehörst du zu jenen, die gern alle Religionen abschaffen würden. Wir, die Freidenker der letzten Jahrtausende, haben daher beschlossen, dir einige Briefe zu schreiben. In ihnen versuchen wir zu beschreiben, was uns beim Thema Religion so durch den Kopf geht. Natürlich hoffen wir, dass auch du deine Freude an diesen Gedanken hast. In jedem Fall kannst du uns besser kennenlernen.

Sinn und Wert der Religionen sind nicht leicht zu bewerten. Nur wenige Menschen haben ihren Glauben frei gewählt. Die Mehrheit schließt sich einer Religion an, weil das in ihren Familien schon immer so gemacht wird, weil Tradition eben Tradition ist. Allerdings ist das ein ziemlich schlechtes Argument. Philosophen sprechen in diesem Zusammenhang gern von einem *Naturalistischen Fehlschluss*. Nur weil etwas schon immer so gemacht wurde, folgt daraus nicht, dass es auch so sein sollte. Auch Sklaverei hat eine lange Tradition. Folgt daraus etwa, dass man Sklaverei betreiben sollte?

Nicht Wenige fügen sich in die religiöse Tradition, weil sie auf eine Feier, viele Geschenke und einen Geldsegen hoffen. Nichts gegen Geschenke, aber dieses Leitmotiv verdirbt den Charakter! Wer ohne Geschenke keinen Grund sieht, sich mit Religion und Glauben zu beschäftigen, der sollte es lieber bleiben lassen. Anderenfalls bringt er sich vor allem eines bei: werde käuflich!

Allerdings gibt es auch viele Menschen, die sich ernsthaft mit ihrem Glauben oder Nicht-Glauben auseinandersetzen wollen und die sich für die religiösen Traditionen ihrer Gemeinschaft interessieren. Wenn es sich um eine ergebnisoffene Beschäftigung handelt, die auch unangenehmen Fragen nicht aus dem Wege geht, so verdient diese Grundhaltung einigen Respekt.

Im Grunde bestehen nur fünf Möglichkeiten, sich zur Religion zu verhalten:

Du kannst ein *Dogmatiker* werden. Dann bist du jemand, der die kritische Überprüfung seiner Glaubenssätze ablehnt und nicht bereit ist, kritische Einwände zu diskutieren. Genaugenommen erteilt sich der Dogmatiker selbst ein Denkverbot. Was als unumstößliche Wahrheit gilt, darf von niemandem in Frage gestellt werden.

Du kannst dich als *Atheisten* bezeichnen und die Überzeugung vertreten, dass kein Gott, kein göttliches Wesen und keine übernatürliche Kraft existieren. Allerdings sind damit längst nicht alle Probleme gelöst. Auch der Atheismus kann manches nicht erklären. Wenn die Aussage „Gott existiert nicht!" nicht diskutiert werden darf, ist der Atheist dem Dogmatiker ziemlich nahe.

Du kannst dich als *kritischen Gläubigen* verstehen. In diesem Fall fühlst du dich einer religiösen Gottesvorstellung verbunden, weißt aber zwischen Glauben und Wissen zu unterscheiden. Du glaubst an einen Gott und dessen Lehre, bist dir aber bewusst, dass man die Richtigkeit dieser Aussagen nicht beweisen kann.

Du könntest ein *Deist* sein. Dann bist du von der Existenz eines höheren Wesens überzeugt, lehnst aber alle Religionen und ihre Rituale ab.

Schließlich kannst du *Agnostiker* werden. In diesem Fall hast du massive Zweifel an allen religiösen Glaubensvorstellungen. Vieles hältst du schlicht für Unfug. Du bist dir aber im Klaren darüber, dass es keinen Beweis dafür gibt, dass religiöse Menschen irren.

In der kommenden Zeit wirst du den einen oder anderen Brief von uns erhalten. Vielleicht können sie dir dabei helfen, herauszufinden, wer du bist. Also bis bald!

Sokrates
(Gründungspräsident)

Über die Existenz Gottes

Gibt es einen Gott oder gibt es keinen? (Teil 1)

Lieber Fanatiker!

Existiert ein Gott? Einige Menschen sind felsenfest davon überzeugt und berichten, Gottes Nähe selbst erfahren zu haben. Man spricht dann von *Offenbarung* und meint damit das Wahrnehmen einer inneren Stimme, eines eindeutigen Zeichens oder einer unergründlichen Gewissheit. Einige behaupten sogar, Gott höchst persönlich begegnet zu sein. Allerdings lassen sich Offenbarungen nicht überprüfen. Außenstehende können sich diese Erlebnisse sehr leicht durch Täuschung, Traum oder gar Drogenrausch erklären. Fairerweise muss aber zugegeben werden, dass diese Einwände keinen Gegenbeweis darstellen. Ein unerschütterlicher Glaube an die Existenz Gottes könnte also durchaus eine Gnade sein, die eben nur wenigen zu Teil wird.

Allerdings gibt es auch Personen, die davon überzeugt sind, die *Existenz Gottes formal logisch bewiesen* zu haben. Einer der bekanntesten war der französische Philosoph *René Descartes*. Sein Beweis geht so:

1. Schritt: Wir haben die Vorstellung von einem vollkommenen Wesen und nennen sie Gott.
2. Schritt: Diese Vorstellung von einem vollkommenen Wesen kann nur drei Ursachen haben.
   A) Die Vorstellung des vollkommenen Wesens kommt aus dem Nichts.

B) Die Vorstellung des vollkommenen Wesens kommt von uns.

C) Die Vorstellung des vollkommenen Wesens kommt von dem vollkommenen Wesen selbst.

3. Schritt: Aus formalen Gründen scheiden die Antworten A) und B) aus. Aus dem Nichts kann nichts entstehen und unvollkommene Wesen wie wir können keine Vorstellung der Vollkommenheit entwickeln. Aus dem Unvollkommenen kann das Vollkommene nicht entstehen. Also besteht nur eine Möglichkeit. Die Vorstellung des vollkommenen Wesens stammt von dem vollkommenen Wesen selbst und wurde durch dieses in unsere Gedanken eingepflanzt! Also: Gott existiert!

Ein harter Brocken, nicht wahr? Was meinst du dazu? Können wir an dieser Stelle unseren Briefverkehr einstellen oder zumindest radikal verändern? Wenn die Existenz Gottes bewiesen ist, sollten wir uns vielleicht nur noch mit der Frage beschäftigen, wie wir mit ihm umgehen sollten.

Viele Grüße
Anselm von Canterbury (Ehrenvorsitzender)

Gibt es einen Gott oder gibt es keinen? (Teil 2)

Hat Descartes dich überzeugt? Wenn ja: Hat sich dein Lebenswandel geändert? Wenn nicht, würde uns interessieren, wo du den Fehler in Descartes Beweisführung siehst.

Wahrscheinlich ist es aber einfach so, dass dir der Beweis irgendwie merkwürdig erscheint, ohne dass du genau sagen kannst, woran es liegt. In diesem Fall könnte unser verehrter Kollege *Immanuel Kant* dir weiterhelfen.

Nach Kant hat Descartes zwar eine logische Ableitung vorgelegt. Allerdings ist die *Prämisse* (Schritt 1) schlicht falsch, weshalb der gesamte Beweis unbrauchbar wird. Nach Kant haben wir eben keine Vorstellung von einem vollkommenen Wesen. Es gibt zwei Möglichkeiten, ein vollkommenes Wesen zu definieren und beide können wir uns nicht vorstellen.

Definition 1: Ein vollkommenes Wesen besteht aus der Summe aller Eigenschaften. Nach Kant ist dies eine schöne Definition, aber sie überfordert unsere Vorstellungskraft. Kannst du dir ein Wesen denken, das gleichzeitig rund und eckig, schwarz und weiß, gerade und ungerade ist? Wenn das nicht der Fall ist, dann hast du auch keine Vorstellung von einem Wesen, dass die Summe aller Eigenschaften in sich vereint.

Definition 2: Ein vollkommenes Wesen hat vollkommene Macht. Diese Definition ist weit verbreitet und tatsächlich sprechen zumindest Christen, Juden und Muslime von dem allmächtigen Gott. Allerdings erzeugt auch diese Definition Widersprüche, die eine Vorstellung unmöglich machen. *Kann Gott einen Stein erschaffen, den er selbst nicht heben kann?* Wie auch immer du diese Frage beantwortest, Gott ist nicht allmächtig. Entweder kann er den Stein erschaffen und ist fortan nicht allmächtig, da er den Stein ja nicht zu heben vermag oder er kann den Stein nicht erschaffen und ist deshalb nicht allmächtig. So oder so: Vorstellen können wir uns ein allmächtiges Wesen nicht.

Nach Kant benutzen wir zwar Worte wie „Gott", „allmächtig" oder „vollkommenes Wesen", aber diese Begriffe sind leer.

Hat sich die Möglichkeit einer Existenz Gottes damit für dich erledigt?

Viele Grüße
deine
Hannah Arendt (erstes weibliches Präsidiumsmitglied)

Gibt es einen Gott oder gibt es keinen?
(Dritter und letzter Teil)

Lieber Fanatiker!

Gott zu beweisen, hat sich als unmöglich herausgestellt. Wahrscheinlich hast du aber schnell bemerkt, dass die Existenz Gottes deshalb nicht ausgeschlossen werden kann.

Nur weil wir uns etwas nicht vorstellen können, folgt daraus nicht, dass es nicht existiert. Wer noch nie das Meer gesehen hat, kann es sich wahrscheinlich nicht vorstellen. Die Ozeane sind dennoch da. Wir können uns die Unendlichkeit des Universums nicht vorstellen. Dennoch spricht vieles dafür, dass das Universum existiert.

Wahrscheinlich ist alles noch viel schlimmer. Vieles spricht dafür, dass wir automatisch eine Art von Gottesbegriff hervorbringen. Das wäre ein harter Schlag für jeden Atheisten, der ja behauptet, die Welt ohne Gott erklären zu können.

Nach unserem Kollegen *Immanuel Kant* kann unsere Vernunft gar nicht anders, als mit der Idee eines Gottes zu arbeiten. Grund dafür ist das *Prinzip der Kausalität*, also die Beziehung von Ursache und Wirkung. Wir gehen davon aus, dass alles, was geschieht, eine Ursache hat. Du kennst das von den Warum-Fragen kleiner Kinder.

Kind: Papa, warum muss ich jetzt ins Bett?
Papa: Weil Mama und ich finden, dass du jetzt schlafen sollst.
Kind: Warum soll ich jetzt schlafen?
*Papa: Weil Schlaf wichtig für die gesunde Entwicklung eines
      Kindes ist.*
Kind: Warum ist Schlaf so wichtig für meine Entwicklung?
*Papa: Weil alle Säugetiere Schlaf benötigen, um gesund zu
      bleiben.*
Kind: Warum benötigen alle Säugetiere Schlaf?

So kann das immer weitergehen, bis der Erwachsene schließlich erschöpft aufgibt oder einen ersten Anfang setzt. *Aristoteles* spricht in diesem Zusammenhang von einem *unbewegten Beweger*, der die Bewegung der Welt verursacht hat, ohne selbst bewegt zu sein. Atheisten bezeichnen diesen ersten Anfang in der Regel als Urknall. Religiöse Menschen sprechen von Gott.

„Am Anfang war Gott!"
„Nein, am Anfang war der Urknall!"

Hierbei wird gern übersehen, dass es keinen wirklichen Unterschied zwischen den beiden Aussagen gibt. Der Urknall steht für eine gigantische Explosion, die aus dem Nichts entstand. Ist das wirklich eine überzeugende Erklärung? Die Gesetze der Logik sagen doch, dass aus dem Nichts nichts entstehen kann.

Ist der Urknall also nur ein neuer Name für Gott?

Viele Grüße
Hannah Arendt (erstes weibliches Präsidiumsmitglied)

PS: Unsere Vernunft ist übrigens nie zufrieden. Alles hat eine Ursache. Und: Alles hat einen Anfang. Diese beiden Prinzipien sind tief in unserer Vernunft verankert, schließen sich aber wechselseitig aus. Arme Vernunft.

Kann es einen Gott geben, obwohl die Menschen so viel Böses tun?

Lieber Fanatiker!

Das Böse in der Welt ist ein echtes Problem für alle, die an die Existenz eines guten Gottes glauben wollen. *Voltaire* hat einmal gespottet: „Wenn es einen Gott gibt, muss er blind sein!" Muslime und Christen versuchen das Böse in der Welt dadurch zu erklären, dass sie den *Teufel* oder *Satan* ins Spiel bringen. Allerdings schafft diese Erklärung mehr Probleme als Lösungen.

Für diese Religionen ist sehr wichtig, nur an einen Gott zu glauben (*Monotheismus*). Wenn es aber nur einen Gott gibt, was ist dann der Teufel? Und: Was ist das für ein Gott, der den Teufel so viel Böses tun lässt? Wenn er nichts gegen den Teufel unternehmen kann, ist er nicht allmächtig, und wenn er es nicht will, ist er nicht gütig.

Allerdings gibt es für einen Teil des Problems eine recht gute Lösung: *die Willensfreiheit.* Wenn man davon ausgeht, dass das Böse, der Teufel, oder wie man es auch nennen will, ein Teil des Menschen ist, wird die Sache interessant.

Nehmen wir einmal an, alles Böse auf der Welt ist Menschenwerk. Warum verhindert Gott all diese Verbrechen, Kriege und Gräultaten nicht? Nun, weil er uns sonst die Willensfreiheit nehmen müsste!

Wenn Gott uns wie Marionetten an unsichtbaren Fäden durch das Leben führen würde, wären wir dann noch Menschen? Hätten unsere Taten überhaupt noch einen Wert, wenn wir gar nicht frei entscheiden könnten, was wir tun?

„Gott schuf den Menschen nach seinem Ebenbild.“ Diesen Satz kann man so verstehen, dass dem Menschen Entscheidungsfreiheit gegeben wurde. Wer will, dass die Menschen Gutes tun, der muss damit leben, dass sie sich auch für Böses entscheiden. Es ist ein bisschen wie mit der Erschaffung des Steins, den Gott selbst nicht heben kann. Gott kann eben nicht beides haben: Menschen, die Entscheidungsfreiheit besitzen und immer das tun, was er will.

Es besteht also kein Widerspruch zwischen der Annahme eines guten Gottes und der Tatsache, dass die Menschen viel Böses tun. Es wäre ein Gott, der den Menschen unter keinen Umständen die Freiheit nehmen möchte und deshalb traurig zusehen muss, wenn sie Böses tun. Es wäre ein recht sympathischer Gott, der mit den Opfern leidet, aber nicht in die Handlungen der Täter eingreift, weil er sonst die Freiheit und damit den Wert der Menschheit zerstören würde.

Allerdings sollte man sich im Klaren sein, dass es dann wenig Sinn macht, diesen Gott um Hilfe anzuflehen. Das Argument der Willensfreiheit ist dennoch recht überzeugend, oder nicht? *Na ja, du ahnst bestimmt, dass damit leider nicht alle Probleme gelöst sind. Also bis zum nächsten Mal.*

Dein
Thomas von Aquin (Spartenleiter
Religionsphilosophie)

PS: Philosophen bezeichnen das, was wir eben besprochen haben, als das *Theodizee-Problem* – falls du mal damit angeben willst.

Kann es einen Gott geben, obwohl die Welt voller Übel ist?

Du hast sicher längst erkannt, dass das *Theodizee-Problem* noch nicht gelöst wurde. Durch die Willensfreiheit kann man ganz gut erklären, warum ein guter Gott unsere bösen Handlungen ertragen muss. *Allerdings gibt es nicht nur das Böse, sondern auch das Übel!*

Das Böse verbinden Philosophen mit den absichtlichen Taten von Personen (Raub, Mord, Krieg, die Liste ist leider lang). *Das Übel* bezeichnet schreckliche Ereignisse, die in der Regel nicht als Werk von Personen angesehen werden. Gemeint sind Erdbeben, Flutwellen, Brände, Seuchen, Unfälle usw.

Die vielen schrecklichen Übel auf unserem Planeten sind wesentlich schwieriger mit der Existenz eines guten und allmächtigen Gottes in Einklang zu bringen als das Böse.

Schon dreihundert Jahre vor Christus hat unser Kollege *Epikur* das Problem so zusammengefasst:

• Entweder will Gott die Übel beseitigen und kann es nicht:
  Dann ist Gott nicht allmächtig.

- Oder er kann es und will es nicht:
  Dann handelt es sich nicht um einen guten Gott.
- Oder er will es nicht und kann es nicht:
  Dann ist er weder gut noch allmächtig.
- Oder er will es und kann es:
  Dann ist nicht zu erklären, dass es die Übel gibt.

Für dieses Problem gibt es eigentlich nur vier Lösungsversuche:

Der erste Lösungsvorschlag ist recht *dogmatisch*. Er besagt, dass wir zu dumm sind, um die Notwendigkeit der Übel zu verstehen. Nun, dann ist Gott uns wohl eine Erklärung schuldig.

Vorschlag Nummer zwei stammt von *Leibniz* (nicht dem Butterkeks!). Leibniz hatte behauptet, *dass wir in der besten aller Welten leben*. Das Schöne in der Welt würde die Übel überwiegen und man könne sich gar keine bessere Welt denken als die unsrige. Dieser Vorschlag hat u.a. von *Voltaire* wütende Antworten erhalten. Tatsächlich kann sich doch jeder von uns eine Welt ohne Erdbeben, Aids oder Tsunamis vorstellen, oder?

Der dritte Vorschlag besteht darin, auf die *Allmacht Gottes zu verzichten*. Demnach hätte Gott sein Bestes getan, als er die Welt erschuf. Tatsächlich kann sein Werk sich ja auch sehen lassen. Man bedenke nur wie einzigartig die Bedingungen auf unserem Planeten sind und wie viele Milliarden Formen von Leben daraus hervorgegangen sind. Vielleicht ist diese Vielfalt nur möglich, wenn sie sich unkontrolliert entfalten kann. Eigentlich ist unsere Erde ein einziges Zusammenwirken unzähliger Bewegungen. Das gilt für die Erdplatten ebenso wie für den Stoffwechsel der Lebewesen. Vielleicht reicht Gottes Macht einfach nicht aus, um das Leben zu ermöglichen und gleichzeitig üble Zusammenstöße zu vermeiden.

Zugegeben: Ganz befriedigend sind diese Vorschläge nicht, aber wer seinen Frieden mit Gott machen will, muss mit einem von ihnen leben. Wer das nicht kann, dem bleibt nur *die vierte Möglichkeit:* Es gibt keinen Gott.

Wie entscheidest du dich?

Bis bald
Christian Garve (Schriftführer)

Über Tod und Todesangst

Gibt es ein Leben nach dem Tod?

Lieber Fanatiker!

Glaubst du an ein Leben nach dem Tod? Wenn du einer Religion angehörst, beantwortet sich die Frage eigentlich von selbst. Die Lehre von einem Jenseits, einem Paradies oder einem Himmel scheint notwendig zu jeder Religion dazuzugehören. Dies ist auch der Grund, warum viele *Atheisten* behaupten, dass Religion nur erfunden wurde, um sich die Todesangst auszureden.

Ganz so einfach ist die Sache allerdings nicht. Es beginnt schon damit, dass die Menschen sehr unterschiedliche Vorstellungen über das Leben nach dem Tod entwickelt haben. *Juden, Christen und Muslimen* glauben mehr oder weniger an das Selbe. Es handelt sich um das *Ewige Leben* der Seele. Das Bewusstsein einer Person besteht also fort. Allerdings sieht das bei *Buddhisten* ganz anders aus. Ihr Jenseits kennt kein Fortbestehen der persönlichen Identität. Vielmehr ist das *Nirwana* die Befreiung vom *Käfig des Individuums*. Der Einzelne verschwindet nicht vollständig, aber er geht auf im Ganzen, wie ein Wassertropfen im Ozean.

„Na und?", ruft der *Atheist*. „Dann haben sich eben unterschiedliche Kulturen unterschiedliche Märchen ausgedacht."

Doch es bleibt spannend. Immerhin glauben auch nicht-religiöse Menschen, interessante Hinweise auf ein Leben nach dem Tod gefunden zu haben. Da sind z.B. die *Nahtoderlebnisse*. Wissenschaftler haben rund um den Erdball Berichte von Menschen gesammelt, die dem Tod bereits sehr nah gewesen sind und nur durch Wiederbelebung ins Leben zurückgeholt wurden. Erstaunlicherweise sind ihre Schilderungen sehr ähnlich. Meist wird von einem unbeschreiblich angenehmen Gefühl sowie einer Art Stimme oder Licht berichtet, die den Sterbenden willkommen heißen. Zahlreiche Patienten berichten sogar, verstorbenen Verwandten begegnet zu sein.

Skeptische Mediziner halten dagegen und behaupten, dass sich all diese Erfahrungen durch Hormone und körpereigene Drogen erklären lassen. Die angeblichen Jenseitserfahrungen wären reines „*Kopfkino*". Allerdings bleibt erstaunlich, dass Menschen aus unterschiedlichen Kulturen sehr ähnliche Erlebnisse schildern. Müssten sich die „Kopfkinos" der einzelnen Kulturen nicht viel stärker unterscheiden? Und dann ist da noch etwas: Zahlreiche Patienten wissen um Dinge, die sie eigentlich gar nicht wissen können. Beispielsweise können einige Menschen, die während einer Operation einen Herzstillstand erlitten, die Gespräche der Ärzte wiedergeben oder den OP-Saal beschreiben, obwohl sie während ihres gesamten Aufenthaltes eine Vollnarkose hatten. Wieder andere können Beschriftungen von Geräten und Kitteln wiedergeben, die sie nur aus der Vogelperspektive hätten lesen können.

Wie auch immer man zu solchen Schilderungen steht, eine wissenschaftliche Erklärung gibt es nicht.

Der gute alte *Platon* war übrigens auch von der *Unsterblichkeit* der Seele überzeugt. Sein Gedanke funktioniert etwa so:

Prämisse 1: Alles, was vergänglich ist, ist teilbar. Stell dir ein altes Haus vor. Erst zerbrechen Türen und Fenster, dann stürzt das Dach ein. Schließlich stehen nur noch die Grundmauern, aus denen nach und nach die Steine herausbrechen. Irgendwann ist das Haus ganz verschwunden. Was vergeht, muss in seine Bestandteile zerfallen können.

Prämisse 2: Die Seele ist nicht teilbar. Kannst du dir eine halbe Seele oder eine Viertelseele vorstellen? Wenn nicht, dann ist die Seele nicht teilbar.

Schlussfolgerung: Die Seele ist unsterblich!

Gar nicht so dumm, oder?

Viele Grüße
Thomas von Aquin (Abteilung Jenseitsbegeisterung)

Muss ein Atheist Angst vor dem Tod haben?

Lieber Fanatiker!

Haben dich die Argumente für ein Leben nach dem Tod überzeugt? Wenn nicht, ist die Alternative natürlich bitter: Mit dem Tod ist alles aus – Schluss, aus, vorbei!

Muss ein Atheist also Angst vor dem Tod haben?

Unser Kollege *Epikur* war schon 300 Jahre vor Christus ganz anderer Ansicht: Wieso sollte man vor etwas Angst haben, dem man nie begegnet? Solange wir sind, ist der Tod nicht und wenn der Tod ist, sind wir nicht mehr. Genau genommen geht der Tod uns also gar nichts an! Todesangst wäre demnach logischer Unsinn.

Allerdings ist der Verlust des Lebens natürlich ein Ärgernis. Doch auch hier hat die Philosophie einigen Trost parat. Nach *Friedrich Nietzsche* ist das Leben herrlich. Die Tatsache, dass wir irgendwann sterben müssen, ändert daran gar nichts. Die Sensation ist vielmehr, dass wir überhaupt leben und diese wundervolle Welt erleben dürfen. Wenn du auf eine Party gehst, jammerst du hoffentlich auch nicht die ganze Zeit herum, nur weil die Feier irgendwann zu Ende sein wird. Die Party bleibt herrlich, auch wenn sie ein Ende hat. Vielleicht ist es sogar die Endlichkeit, die unser Leben erst richtig intensiv macht. Stell dir vor, du wärst ein Gott und würdest ewig existieren. Könnte es dann so etwas wie einmalige Erlebnisse oder die Liebe deines Lebens geben? Sterbliche Wesen müssen entscheiden, wie sie ihre Zeit nutzen, dafür aber kennen sie die Einmaligkeit. Wenn du dir überlegst, jemanden zu küssen, kribbelt es doch gerade deshalb so schön, weil diese Gelegenheit vielleicht nie wiederkommt. *Horaz* hat dies in dem Ausspruch „*Carpe diem*" (Nutze den Tag) zusammengefasst.

Atheisten können also durchaus ein angstfreies und sehr glückliches Leben führen.

Herzliche Grüße
Albert Camus (Fraktion Existenzphilosophie)

Woher kommen die Höllenängste?

Lieber Fanatiker!

Ist dir schon aufgefallen, dass auch der Glaube an ein Leben nach dem Tod Ängste wecken kann? Die meisten Religionen berichten nicht nur von einem Himmel, sondern auch von einer Hölle. Die Beschreibungen dieses Ortes sind ziemlich erschreckend und es gibt wohl niemanden, der dorthin kommen will.

Als Atheist bist du an dieser Stelle fein raus: Du hälst die ganze Sache für ein Gruselmärchen, für einen Trick, mit dem Menschen verängstigt und eingeschüchtert werden sollen.

Wenn du aber ein gläubiger Mensch bist, ist die Sache schwierig. Dies gilt besonders dann, wenn du befürchtest, dass jeder kleine Verstoß gegen die Gebote deiner Religion mit der Hölle bestraft wird. Viele Religionen haben sehr strenge Vorschriften und ein sehr umfangreiches Regelwerk. Fehler sind fast unvermeidlich. Ein strenggläubiger Mensch könnte also in ständiger Angst vor der Hölle leben.

Philosophische Überlegungen können allerdings helfen, einige Ängste zu überwinden. Denk doch bitte kurz über folgende Fragen nach: *Wie wahrscheinlich ist es, dass ein Gott nur jene in den Himmel lässt, die alle Gebote einer heiligen Schrift befolgt haben?* Was ist mit den Millionen von Menschen, die vor der Entstehung der Schrift gestorben sind? Was ist mit den Zeitgenossen, die die Religion nie kennengelernt haben? Was ist mit jenen, die zwar der Religion nicht angehören wollen, aber wunderbare und hilfsbereite Menschen sind? Wäre es nicht himmelschreiend unfair, diesen Menschen den Himmel zu verweigern? Ist es vorstellbar, dass ein gnädiger Gott sich so verhält?

Ist es nicht viel wahrscheinlicher, dass es einem gnädigen Gott genügt, wenn wir uns anständig gegenüber unseren Mitmenschen verhalten? *In diesem Fall wartet die Hölle nur auf jene, die zuvor anderen Menschen das Leben zur Hölle gemacht haben.*

So oder so, mit den heiligen Schriften ist das so eine Sache, aber davon mehr in den nächsten Briefen.

Dein Voltaire
(selbsternannter Spitzenreiter)

Über Glaube und Sexualität

Welche Probleme bereitet der Sündenfall?

Jetzt kommen wir auf problematische Erzählungen aus den heiligen Schriften zu sprechen. Beginnen wir mit dem sogenannten *Sündenfall.*

Du kennst doch die Geschichte von der Vertreibung aus dem Paradies, oder? Falls nicht, hier eine Kurzzusammenfassung: Adam und Eva fristen im Garten Eden ein sorgenfreies Dasein. Nur die Früchte eines Baumes sind ihnen von Gott verboten worden. Leider lässt sich Eva von der Schlange dazu verführen, von den Früchten zu naschen. Anschließend verführt sie Adam dazu, dasselbe zu tun. Kaum ist dies geschehen, da werden die beiden aus dem Paradies verbannt. Fortan müssen sie „im Schweiße ihres Angesichts" für ihren Lebensunterhalt sorgen.

Es sei erwähnt, dass diese Geschichte als ein wunderbares Gleichnis für das Erwachsenwerden verstanden werden kann. Die Zeit im Paradies steht für die Sorglosigkeit der Kindheit. Man sollte nicht vergessen, an welchem Baum die verbotenen Früchte hingen. *Es war nicht der Baum der Sünde, sondern der Baum der Erkenntnis!* Wer von der Erkenntnis nascht, bei dem setzt das rationale Denken ein. Statt nur im Hier und Jetzt zu leben, denkt der Mensch nun auch an Vergangenheit und Zukunft. Er bemerkt nicht nur, dass er nackt ist, er überlegt sich auch, ob er morgen frieren könnte. Es genügt plötzlich nicht mehr, die herrlichen Früchte der Umgebung zu genießen. Der Mensch erinnert sich an den Hunger der Vergangenheit und legt Vorräte an. Kurz: *Er erfindet die Arbeit.* Es mag also sein, dass Gott nur eine gutgemeinte Warnung ausgesprochen hat, als er den Baum der Erkenntnis mit einem Verbot belegte.

Leider hat sich diese positive Deutung nicht durchgesetzt. Vielmehr ging die Geschichte mit dem Baum der Erkenntnis als *Sündenfall* in die Religionsgeschichte ein. Besonders problematisch wirkte sich dies im Christentum aus. Kirchenvater *Augustinus* sprach von einer *Erbsünde,* die seit den Tagen von Adam und Eva an jeden neugeborenen Menschen weitergegeben werde. Demnach sind schon Säuglinge durch Schuld und Sünde belastet. Damit nicht genug: Lehren wie die von Sündenfall und Erbsünde hatten sehr negative Folgen für die Bewertung der Sexualität, die Rolle der Frau und die Behandlung von Homosexuellen.

Davon mehr in den nächsten Briefen.

Für heute reicht es zu betonen, dass man sich sehr genau überlegen sollte, wie man heilige Schriften interpretiert.

Viele Grüße
Ibn Ruschd (oder auch Averroës)

Wieso gilt Sexualität oft als Sünde?

Lieber Fanatiker!

Hast du dich schon mal gefragt, warum viele Religionen so strenge Regeln für die Sexualität haben? Nun, das hat viel mit der Geschichte vom *Sündenfall* und einer *Trennung zwischen Körper und Geist* zu tun.

Besonders im Christentum gilt der Geist, die Seele, als Ort des Glaubens. Er ist der wertvolle Teil des Menschen, der in Kontakt mit Gott treten kann. Der Leib hingegen wird als triebhaft, unvernünftig und anfällig für die Sünde beschrieben. Aus diesem Grunde hält man klare Verhaltensregeln für notwendig. Diese betreffen auch die Sexualität.

Christliche Kirchenväter wie *Paulus* und *Augustinus* waren hier besonders streng. Leidenschaftliche Sexualität bedeutet ja einen gewissen Kontrollverlust der Vernunft. Deshalb sahen Paulus und Augustinus darin eine Herrschaft des Leibes über den Körper, ja sogar ein Werk des Teufels. (Im Zeitalter der Hexenverfolgung glaubte man daran, dass der Teufel bevorzugt den Geschlechtsakt nutzte, um von der Seele eines Menschen Besitz zu ergreifen: *Teufelsbuhlschaft.*) Sexualität wurde nur zur Weitergabe des Lebens geduldet. Natürlich sollte dabei möglichst wenig Lust empfunden werden. Einige Gelehrte des Mittelalters gingen sogar soweit, dass sie den Eheleuten empfahlen, während des Geschlechtsverkehrs zu beten. Nach Augustinus wird zudem die *Erbsünde* von Adam und Eva durch den Geschlechtsakt an jedes Kind weitergegeben. Deshalb ist es vielen Christen wichtig, dass Maria als Jungfrau mit Jesus schwanger wurde. *Anderenfalls wäre die Erbsünde auch auf Jesus übergegangen.* Bis heute hält vor allem die katholische Kirche daran fest, dass Sexualität nur in Verbindung mit Fortpflanzung akzeptabel ist. Aus diesem Grund werden auch Verhütungsmittel abgelehnt.

Fairerweise muss man erwähnen, dass sich heute nur noch wenige Kirchen an der Lehre des Augustinus orientieren. Zudem sind protestantische Christen, Juden und Muslime weniger streng. Auch eine Erbsünde kennen diese Glaubensrichtungen nicht. Sexualität darf wenigstens innerhalb der Ehe lustvoll sein. Allerdings stehen auch sie sexuellen Kontakten außerhalb der Ehe und Empfängnisverhütung kritisch gegenüber.

Verglichen mit anderen Menschheitskulturen wirken Judentum, Christentum und Islam eher verklemmt. Man denke nur an die Liebeskunst des indischen *Kamasutra* oder die Feste und Schriften der antiken Griechen und Römer (Dionysus-Kult)!

Aus philosophischer Perspektive ist Sexualität eigentlich gar kein moralisches Thema. Natürlich kann es dabei zu bösen Dingen wie Missbrauch, Zwang und Vergewaltigung kommen. Das eigentliche Problem ist dann aber nicht die Sexualität, sondern die seelische und körperliche Gewalt. Solange zwei Partner freiwillig und gern etwas zusammen tun, ist alles okay.

Wer die religiöse Sexualmoral nur milde belächelt, macht es sich allerdings sehr leicht. Immerhin haben diese Lehren z.T. *dramatische Folgen.* Bis heute wird außerehelicher Geschlechtsverkehr in einigen Ländern mit Auspeitschung oder gar Steinigung bestraft. Das Verbot von Verhütungsmitteln, wie Kondomen, verhindert einen Schutz vor Krankheiten wie Aids. Auch Frauen und Homosexuelle haben unter diesen Vorstellungen zu leiden. Dazu mehr im nächsten Brief.

Viele Grüße
Judith Butler (Abteilung Emanzipation)

Wieso tun sich Religionen so schwer mit der Gleichberechtigung?

Lieber Fanatiker!

Wenn du die letzten Briefe gelesen hast, dann überrascht es dich sicher nicht, dass die Gleichberechtigung zwischen Mann und Frau in vielen Religionen ein schwieriges Thema ist. An der Geschichte der Schöpfung und des Sündenfalls wird dies besonders deutlich:

1. Adam war der erste Mensch. Eva wurde erst danach aus Adams Rippe geschaffen. Also wurde Eva für Adam geschaffen und muss ihm gehorchen. Hinzu kommt, dass sie aus einem Teil seines Körpers erschaffen wurde und mit seinen eigenen Körperteilen wird man ja wohl noch machen dürfen, was man will!

2. Die Frau ist schwach. Sie wurde als erste von der Schlange verführt. Sie bedarf also der Führung durch den stärkeren Mann.

3. Eva war nackt und wurde verführt. Anschließend verführte sie Adam. Die Frau ist also das Symbol für den sinnlichen und sündhaften Leib. Durch sie lockt der Teufel mit Lust und Kontrollverlust. Der Mann steht hingegen für die Vernunft, die sich gegen die Versuchung wehren muss.

Wie erwähnt, kann die Schöpfungsgeschichte anders interpretiert werden. Erneut sei darauf hingewiesen, dass es nicht der Baum der Sünde, sondern der Baum der Erkenntnis ist, von dem Eva vor Adam isst. *Demnach könnte man die Geschichte auch so verstehen, dass Frauen von Natur aus klüger sind als Männer.*

Leider hat sich diese Lesart nicht durchgesetzt. Vielmehr bildete diese Geschichte einen entscheidenden *Nährboden für die Unterdrückung und Ausbeutung der Frau.* Jahrhunderte galt es als selbstverständliches Recht des Mannes, seine Frau zu schlagen. Im Arbeits- und Erbrecht wurden Frauen systematisch benachteiligt und die Vergewaltigung in der Ehe wurde in Deutschland erst 1997 als Straftat definiert.

Dieser Zusammenhang macht noch einmal deutlich, wie wichtig es ist, *die heiligen Schriften kritisch zu interpretieren*. Im Koran begehen Adam und Eva zwar gemeinsam den Sündenfall, eine Gleichberechtigung der Frau folgte daraus aber nicht. Vielmehr wimmelt es in der Thora, der Bibel und im Koran vor Aussagen, die die Herrschaft des Mannes begründen und sogar Gewalt gegen Frauen rechtfertigen. Nicht gläubige Menschen macht dies oft sehr wütend. In jedem Fall widersprechen diese Traditionen dem Grundgesetz. Es besteht also Handlungsbedarf. Einigen Glaubensrichtungen ist es bereits gelungen, ihre heiligen Texte neu zu interpretieren. Beispielsweise ist es in der protestantischen Kirche möglich, dass eine geschiedene Frau als Pastorin zu einer Gemeinde predigt.

Viele Grüße
Simone de Beauvoir (Abteilung Existenzphilosophie)

Woher kommt die Schwulenangst?

Lieber Fanatiker!

In unserem Teil der Welt hat sich die Lage von Homosexuellen deutlich verbessert. Zahlreiche Prominente stehen offen zu ihrer Homosexualität und es gibt Gesetze gegen Diskriminierung. Dennoch reagieren viele Menschen ablehnend, ängstlich oder aggressiv auf Homosexuelle. Der Sammelbegriff für dieses Verhalten ist *Homophobie,* und *Homophobie* hat eine ganze Menge mit Religion zu tun.

Denk bitte an den Brief über die Sexualität zurück. Na, geht dir ein Licht auf?

Ja genau: Eine Religion, die Sexualität nur als Weitergabe des Lebens akzeptiert, muss Homosexualität zur Sünde erklären. Fortpflanzung ist bei homosexuellen Paaren ja ausgeschlossen. Hinzu kommt, dass die meisten Religionen Homosexualität als „widernatürlich" bezeichnen. Es wird davon ausgegangen, dass Gottes Schöpfung eine natürliche Ordnung des Lebens vorgesehen hat. Abweichendes Verhalten gilt als Sünde. Leider bleibt es nicht bei Vorwürfen. In den heiligen Schriften finden sich zahlreiche Stellen, in denen *zur Bestrafung und sogar Ermordung von Homosexuellen* aufgefordert wird.

Es besteht also ein deutlicher Konflikt zwischen traditionellen Moralvorschriften der Religionen und den Menschenrechten. Wer diesen Konflikt nicht aushalten will, hat drei Möglichkeiten:

1. Er lehnt die Menschenrechte ab.

2. Er lehnt die Religionen ab.

3. Er interpretiert die heiligen Schriften so, dass sie den Menschenrechten nicht widersprechen.

Wer sich für den dritten Weg entscheidet, muss Hirnschmalz investieren. Im Fall der Homosexualität könnten folgende Überlegungen helfen:

Wenn Homosexualität der natürlichen Ordnung Gottes widerspricht, warum ist sie dann bei so vielen Tieren zu beobachten? Besonders bei Säugetieren sind homosexuelle Praktiken weit verbreitet. Besonders aktiv sind unsere nächsten Verwandten, die Schimpansen. Auch in der Menschheitsgeschichte gab es Zeiten, in denen Homosexualität und Bisexualität als vollkommen normal angesehen wurden. Dies gilt v.a. für die griechisch-römische Antike, die immerhin über tausend Jahre bestand.

1. Religion führt nicht automatisch zu einer Verurteilung der Homosexualität. Im Alten Griechenland war der Gott Eros für die Liebe zuständig. Mit sei-

nen Liebespfeilen trieb er oftmals ein grausames Spiel. Ob jemand hetero-, bi- oder homosexuell wurde, war allein Eros Entscheidung. Schuldzuweisungen schienen sinnlos. Daher waren die Griechen in diesen Dingen sehr tolerant.

Wenn kritische Gläubige und Agnostiker beim Thema Homosexualität zu einer Lösung kommen wollen, besteht also noch einiger Gesprächsbedarf. Immerhin gibt es schon zahlreiche Glaubensgemeinschaften, die Homosexuellen ohne Vorurteile begegnen. Wie wirst du dich entscheiden und wie lauten deine Gründe?

Viele Grüße
Michel Foucault (Abteilung Kulturkritik)

Über die Religionen und das Gute

Ist Gottes Wille gut?

Lieber Fanatiker!

Wer an die vielen Probleme mit den heiligen Schriften denkt, kommt irgendwann zu einer schwierigen Frage: *Woher wissen wir, dass Gottes Wille gut ist?* Sind der Wille Gottes und das Gute identisch? Die meisten religiösen Menschen antworten mit einem klaren JA. Selbstverständlich ist dies aber nicht.

Dass Atheisten hier eine andere Meinung haben, ist klar. Schon bei einer *Religion mit mehreren Göttern* wird die Sache kniffelig. Für die alten Griechen etwa war es klug, aber nicht unbedingt gut, den Göttern zu gehorchen. Sich mit Zeus, Poseidon oder Athene anzulegen, war ziemlich dämlich, also tat man besser, was verlangt wurde. Mit Überzeugung hatte das wenig zu tun. Erstens waren diese Götter selbst alles andere als moralische Vorbilder und zweitens stellten sie oft unterschiedliche Forderungen. Die einen wollten Troja zerstören, die anderen wollten es verteidigen. Einige wollten Odysseus absaufen lassen, die anderen wollten ihn retten. Kennst du die Geschichte von Paris und dem Apfel? Der arme Kerl wurde von drei Göttinnen dazu aufgefordert zu entscheiden, wer von ihnen die Schönste sei. Paris saß in der Falle. Es war unmöglich, den Willen aller Göttinnen zu erfüllen.

Erst wenn Religionen nur einen einzigen Gott verehren (Monotheismus), kann überlegt werden, ob Gottes Wille das Gute ist.

Doch selbst wenn man von der Existenz eines einzigen Gottes überzeugt ist, folgen daraus mehrere theoretische Möglichkeiten:

1. Gott ist das Gesetz des Guten. In diesem Fall hat Gott keinen Willen. Er ist ja keine Person, sondern ein Prinzip. Wir Menschen müssten dann vor allem unsere Vernunft benutzen, um das göttliche Prinzip zu erkennen.

2. Gott ist nicht selbst das Gesetz des Guten und er hält sich nicht daran. Ein böser Gott ist natürlich kein schöner Gedanke, er ist aber vorstellbar. In diesem Fall müssten wir wohl Widerstand gegen Gott leisten, auch wenn das ebenso tapfer wie aussichtslos wäre.

3. Gott ist nicht selbst das Gesetz des Guten, hält sich aber daran. Dies wäre ein wahrhaft lieber Gott. Er könnte jederzeit anders handeln, tut es aber nicht, weil er gut sein möchte.

Wie ist deine Meinung?

Viele Grüße
Søren Kierkegaard (Abteilung Glauben und Zweifel)

Ist es gut, religiöse Pflichten und Rituale zu befolgen?

Lieber Fanatiker!

Religionen haben zahlreiche Rituale und Verhaltens-regeln entwickelt und längst nicht alle wurden zum Schutz der Mitmenschen formuliert. Die Vorschriften betreffen Nahrung, Arbeitstage, Gebetszeiten, Beichte, Gottesdienste und vieles mehr.

Verteidiger betonen die Vorteile dieser Vorgaben. Beispielsweise hilft ein geregelter Tagesablauf vielen Menschen dabei, ihr Leben zu gestalten. Zu einer Zeit ohne Kühlschrank und Mikrowelle dürften nicht wenige Essensvorschriften zur Gesundheitsvorsorge beigetragen haben.

Skeptiker halten viele religiöse Alltagsvorschriften entweder für veraltet oder für absurd. Sie verweisen auf die hygienischen Fortschritte in der Nahrungszubereitung. Sie fragen, ob es für einen Gott wirklich von Bedeutung sein kann, zu welchen Tageszeiten er angebetet wird oder an welchen Wochentagen der Rasen gemäht werden darf.

Eine viel grundlegendere Kritik stammt von *Immanuel Kant*, der die Bezeichnung „*Afterdienst*" prägte. Bis heute wird darüber gestritten, ob Kant damit „Hinterherdienst" (engl.: after) gemeint hat. Die zweite Deutung bezieht sich auf das deutsche Wort „After" und legt eine weit unhöflichere Bewertung nahe. Kants Gedankengang lässt sich folgendermaßen zusammenfassen:

Wenn Gott gut ist, dann ist er an das Sittengesetz gebunden. Das bedeutet, Gott hält nur diejenigen Dinge für gut, die vernünftig und allgemeingültig sind. Folgerichtig würde er wollen, dass die Menschen nur Pflichten anerkennen, die als vernünftig und notwendig erkannt wurden.

Demnach wäre es für Gott ein Ärgernis, wenn Menschen Rituale vollziehen, um sich bei ihm einzuschmeicheln. Egoismus, Angst oder blinde Unterwerfung sind keine wertvollen Leitmotive (Maximen). Gott will freie und selbstbestimmt handelnde Menschen. Nach Kant gibt es daher nur einen sinnvollen Gottesdienst: anständiges Verhalten. Religiöse Rituale sind dagegen bedeutungslos.

Kant selbst hat diese Überzeugung übrigens gelebt. Jedes Jahr, wenn die Studenten und Professoren der Universität zu Königsberg durch die Stadt zum Gottesdienst zogen, hat sie Kant begleitet. An der Kirche angelangt, hat er freundlich gegrüßt und ist dann guten Gewissens nach Hause gegangen.

Viele Grüße
Ludwig Feuerbach (religionskritische
Forschungsabteilung)

Erziehen Religionen zum blinden Gehorsam?

Lieber Fanatiker!

In den heiligen Schriften finden sich viele schlimme Geschichten über blinden Gehorsam. Besonders erschreckend ist die Erzählung von *Abraham und Isaak* (Ibraim und Ismael), die für Juden, Christen und Muslime eine große Rolle spielt: Gott fordert von Abraham, seinen eigenen Sohn zu opfern. Traurig, aber ohne ein Widerwort, ohne Bitten oder Flehen, bricht Abraham auf, um in den Bergen seinen Sohn zu töten und zu verbrennen. Erst im letzten Moment wird das Schlimmste verhindert: Ein Engel erklärt, dass alles nur ein Test war. Isaak darf weiter leben und statt seiner wird ein Schafbock geopfert. Ob damit wirklich alles wieder gut ist, darf allerdings bezweifelt werden. Es stellen sich einige unangenehme Fragen:

Was ist das für ein Vater, der nicht einmal eine Erklärung verlangt, wenn er ein unschuldiges Kind töten soll? In dem Film von Fatih Akin „Auf der anderen Seite" erklärt ein Vater, dass er sich lieber Gott selbst zum Feind gemacht hätte, als diesen Befehl auszuführen. Ist diese Haltung nicht ebenso mutig wie sympathisch?

Was ist das für ein Gott, der solche Forderungen stellt?

Der Gott der Juden, Christen und Muslime wird immer wieder als barmherzig, gütig und gnädig bezeichnet. Mit der willkürlichen Tötung eines Kindes passt das kaum zusammen. Entweder ist dieser Gott nicht barmherzig oder Erzählungen wie die von Abraham und Isaak müssen dringend neu interpretiert werden.

Erzeugen Religionen blinden Gehorsam? Die Gefahr ist wohl kaum von der Hand zu weisen, wenn es als vorbildlich gilt, eine grausame Handlung zu begehen, nur weil sie von einer Autorität gefordert wird. Die Geschichte ist leider reich an Beispielen für religiösen Fanatismus.

Immerhin kann man mit den Religionen auch folgende Gegenargumentation aufbauen:

Wenn wir den Willen Gottes nicht verstehen, wenn seine Forderungen uns unsinnig oder ungerecht erscheinen, sollten wir die Anweisungen auch nicht befolgen. Der Grund dafür ist, dass wir in diesem Fall nicht sicher sein können, Gott richtig verstanden zu haben. In zahlreichen Stellen des Korans, der Thora und der Bibel wird der Mensch dazu aufgefordert, seinen Verstand zu gebrauchen und seinem Gewissen zu folgen. Nur die heiligen Schriften auswendig zu lernen, reicht demnach nicht aus. Wenn all dies stimmt, ist es sehr unwahrscheinlich, dass Gott Forderungen stellt, die wir als unsinnig oder ungerecht empfinden. Viel wahrscheinlicher ist es, dass wir ihn oft missverstehen. *„Deus lo vult"* („Gott will es!"). Mit diesem Schlachtruf sind viele Kreuzritter in den Krieg gezogen. Heute verurteilen alle christlichen Kirchen die Kreuzzüge als Verbrechen gegen Menschen und den göttlichen Willen. Wer also vorschnell handelt, weil er meint zu wissen, was Gott will, könnte der wahre Gotteslästerer sein.

Zudem bleibt eine knifflige Frage: Ist Gottes Wille überhaupt das Gute?

Erinnere dich an die beiden letzten Briefe.

Dein Stanley Milgram

Kann ein Krieg „heilig" sein?

Krieg ist nun wirklich eine scheußliche Sache. Krieg bedeutet, die erste Regel menschlichen Zusammenlebens außer Kraft zu setzen: das *Tötungsverbot*. Ohne das Tötungsverbot macht es gar keinen Sinn, sich in Gemeinschaften zusammenzuschließen. Daher ist es so sehr schwer, einen Krieg als gerecht oder gar gut zu bezeichnen.

Umso trauriger ist es, dass in den heiligen Schriften sehr viel über Krieg berichtet wird.

Die *Thora* und das *Alte Testament* berichten davon, dass Gott das Volk Israel ins gelobte Land geführt hat. Dort sollten die Israeliten leben und sich vermehren. Allerdings war dieses Land nicht leer. Vielmehr war geplant, die dort lebenden Völker zu vertreiben oder zu ermorden. Der sogenannte *Bann* zwischen dem Volk Israel und dem Gott Jahwe besagt leider genau das.

Christen berufen sich in der Regel auf die Bergpredigt, in der Jesus einen absoluten Gewaltverzicht forderte. Allerdings hat dies die Kreuzzüge nicht verhindert, bei denen christliche Heere immer wieder Angriffskriege gegen die sogenannten Ungläubigen führten.

Im *Islam* gibt es den sogenannten *Dschihad,* für den es im Wesentlichen drei Interpretationen gibt:

1. Dschihad ist der ständige Krieg gegen die Ungläubigen, bis alle Menschen dem Islam angehören.

2. Dschihad ist ein reiner Verteidigungskrieg, um Unschuldige vor einem Angriff zu schützen.

3. Dschihad ist der Kampf gegen sich selbst. Es ist das Ringen des Gläubigen um eine anständige und gottgefällige Lebensführung.

Schnell wird deutlich, welche Folgen die unterschiedlichen Interpretationen der heiligen Schriften haben. Leider ist die Geschichte voller Beispiele, in denen Religionsvertreter zu Kriegen aufgerufen und Waffen gesegnet haben.

Allerdings muss betont werden, dass sich viele gläubige Menschen gegen Gewalt und Krieg engagieren. Auch sie können sich auf religiöse Vorbilder berufen. Jesus forderte, dass man seine Feinde lieben solle. Alle Menschen sind entweder „Brüder im Glauben oder Brüder in der Menschlichkeit". Diese Worte wurden im 7. Jahrhundert von *Ali ibn Abi Talib*, dem vierten Kalifen der Muslime, formuliert. Wer so denkt, dürfte jeden Angriffskrieg verurteilen.

Viele Grüße, Abu Nasr Muhammad al-Farabi

Ist ein Gottesstaat wünschenswert?

Lieber Fanatiker!

Über Gottesstaaten wird gern und viel gestritten. Dabei ist nicht immer klar, was mit dieser Bezeichnung gemeint ist. Im Grunde bestehen folgende Möglichkeiten:

1. Der Gottesstaat ist die Herrschaft Gottes auf Erden. Es handelt sich um das Reich Gottes auf Erden, das am Ende der Zeit errichtet wird.

2. Der Gottesstaat *(civitas dei)* kann als Gemeinschaft der Kirche und der wahrhaft Gläubigen verstanden werden. Die Regierung des echten Staates *(civitas terrena)* sollte nicht durch die Kirche erfolgen. Diese Lehre geht u.a. auf Kirchenvater Augustinus zurück und spiegelt die Geschichte des Christentums. Die frühen Christen stellten eine kleine Sekte innerhalb des römischen Weltreiches. Sie waren froh, wenn sie geduldet wurden und kultivierten ihren Glauben im Privaten. Die Trennung zwischen Kirche und Staat hat viel mit der Geschichte des Christentums zu tun.

3. Der Gottesstaat kann als ein Ort verstanden werden, in dem Menschen ihr Zusammenleben streng nach religiösen Vorgaben organisieren. Religiöses Recht und staatliches Recht fallen weitgehend zusammen.

Durch die erste Definition entsteht nur wenig Konfliktpotenzial. Egal, ob man diese Vorstellung für wahr hält oder belächelt, eines steht fest: Noch ist es nicht so weit und die Menschen müssen ihr Zusammenleben selbst organisieren.

Die zweite Definition bringt Vor- und Nachteile mit sich. Sie geht u.a. auf Kirchenvater *Augustinus* zurück und spiegelt die Geschichte des Christentums. Die frühen Christen stellten eine kleine Sekte innerhalb des römischen Weltreiches dar. Sie waren froh, wenn sie geduldet wurden und kultivierten ihren Glauben im Privaten. „So gebet dem Kaiser, was des Kaisers ist, und Gott, was Gottes ist!", soll Jesus gelehrt haben, und die Polarität zwischen Kaisertum und Papsttum prägte das gesamte christliche Mittelalter. Der Vorteil dieser Lehre besteht in der Trennung zwischen Kirche und Staat. Die Religion wird zum Maßstab des privaten Lebens. Dem gläubigen Menschen genügt es, sein eigenes Leben fromm und gottesfürchtig zu leben. Es ist nicht erforderlich, den gesamten Staat nach den Geboten Gottes auszurichten. Der Nachteil besteht darin, dass nach Augustinus die Kirche dichter an Gott ist als alles andere. Eine Kritik von außen sei daher nicht möglich.

Die dritte Definition ist bis heute mit vielen traurigen und grausamen Konflikten verbunden. Neben christlichen und jüdischen Sekten machen hierbei v.a. islamische Organisationen von sich reden. Auch dies hat historische Ursachen. Der Islam wurde nicht von einer Minderheit entwickelt, die sich mit Vorgaben andersgläubiger Herrscher arrangieren musste. Noch zu Lebzeiten war Mohammed nicht nur religiöser Führer, sondern auch Herrscher eines schnell wachsenden Reiches. So kam es, dass Religion und Staat keine scharfe Trennung erlebten und die Scharia bis heute als Glaubens- und als Rechtslehre gelesen werden kann. Die Probleme liegen auf der Hand: Was ist mit jenen, die nicht unter dieser Ordnung leben wollen? Dennoch könnte ein solcher Gottesstaat akzeptabel sein, sofern folgende Bedingungen erfüllt sind:

Der Gottesstaat wird allein von Freiwilligen auf einem, nur von ihnen bewohnten Territorium gegründet. Die Freiwilligkeit bleibt auch nach der Staatsgründung bestehen. Dies gilt für „Altmitglieder" ebenso wie für neu geborene Mitglieder. Es erfolgen keine Aggressionen gegen andere Staaten.

Leider ist weder aus der Geschichte noch aus der Gegenwart ein Beispiel bekannt, dass diesen Kriterien gerecht wird. Vielmehr geißeln Organisationen wie Amnesty International die selbsternannten „Gottesstaaten" als Orte schwerster Menschenrechtsverletzungen.

Viele Grüße
Charles-Louis de Secondat, Baron de La Brède et de Montesquieu (Abteilung: Gewaltenteilung sowie Liebhaber von Titeln)

Wie weit reicht das Recht auf Religionsfreiheit?

Die Religionsfreiheit ist ein Grundrecht, das in den wichtigsten Dokumenten der Menschheit verankert wurde. Hierzu gehört die allgemeine Erklärung der Menschenrechte ebenso wie die Verfassungen aller demokratischen Rechtstaaten. Aber wie weit reicht die Religionsfreiheit? Müssen beispielsweise Meinungsäußerungen verboten werden, die die religiösen Gefühle von Gläubigen verletzen? Entbrannt ist die Diskussion in Zusammenhang mit den sogenannten „Mohammed-Karikaturen". Muslime sahen durch diese Darstellung des Propheten ihre religiösen Gefühle und ihre Religionsfreiheit verletzt. Auch die katholische Kirche klagt regelmäßig gegen Zeichnungen und Artikel.

Interessant ist, dass Religionsfreiheit bisher nur dort existiert, wo es auch Meinungsfreiheit gibt. In zahlreichen Ländern ist die Religionsfreiheit eingeschränkt und verletzt. Traurigerweise gehören hierzu besonders viele Staaten, die selbst von einer Religion stark geprägt werden. Ein starker religiöser Einfluss auf Politik und Gesellschaft trägt also nicht zu mehr religiöser Toleranz bei.

Die gezielte Unterdrückung Andersgläubiger hat sogar erst mit Christentum und Islam richtig begonnen.

Das Judentum kennt keine Mission, der Glaube der anderen Völker ist zweitrangig. Auch den antiken Römern und Griechen war der Glaube ihrer Untertanen nicht so wichtig. Entscheidend war, dass Steuern gezahlt wurden. Erst als die Christen darauf bestanden, dass es nur einen Gott gäbe und die römischen Kaiser keinesfalls Götter sein könnten, wurden sie verfolgt.

Als das Christentum wenige Jahrhunderte später zur Staatsreligion des römischen Weltreiches erklärt wurde, wurde es leider selbst zum Unterdrücker. Ebenso wie islamische Herrscher bestanden auch christliche Könige und Kaiser darauf, dass die Untertanen ihren Glauben annahmen. Nur untereinander gab es zwischen Juden, Christen und Muslime eine gewisse Toleranz. Immerhin beten alle drei denselben Gott an. Im christlichen Mittelalter konnten Juden in den sogenannten Gettos leben. Im islamischen Herrschaftsraum wurden Christen und Juden als Dhimmi (Schutzbürger) betrachtet, die eine besondere Kopfsteuer zu zahlen hatten. Mit echter Religionsfreiheit, so wie wir diese heute verstehen, hatten beide Fälle nicht viel zu tun.

Daher ist es gut verständlich, wenn Glaubensgemeinschaften heute peinlich genau auf die Wahrung ihrer Religionsfreiheit achten. Allerdings darf nicht vergessen werden, dass Religionsfreiheit ihre Grenzen hat. Dennoch muss klargestellt werden: Die Einschränkung der Meinungsfreiheit zu Gunsten religiöser Gefühle wird nicht durch die Religionsfreiheit gedeckt.

In Artikel 18 der Allgemeinen Erklärung der Menschenrechte haben die Vereinten Nationen festgehalten:

Jeder Mensch hat Anspruch auf Gedanken-, Gewissens- und Religionsfreiheit; dieses Recht umfasst die Freiheit, seine Religion oder seine Überzeugung zu wechseln, sowie die Freiheit, seine Religion oder seine Überzeugung allein oder in Gemeinschaft mit anderen in der Öffentlichkeit oder privat durch Lehre, Ausübung, Gottesdienst und Vollziehung eines Ritus zu bekunden.

Allerdings wurde in Artikel 18 des Internationalen Pakts über bürgerliche und politische Rechte hinzugefügt, dass die Freiheiten der Religionsausübung …

… den gesetzlich vorgesehenen Einschränkungen unterworfen werden, die zum Schutz der öffentlichen Sicherheit, Ordnung, Gesundheit, Sittlichkeit oder der Grundrechte und -freiheiten anderer erforderlich sind.

Mit anderen Worten: Religionsfreiheit reicht nur soweit, bis sie die Rechte anderer einschränkt. Nach *Immanuel Kant* besteht das Wesen des Rechts darin, dass die Freiheit des einen mit der Freiheit aller anderen bestehen können muss.

Also: Jede Glaubensgemeinschaft hat Anspruch auf die freie Ausübung ihrer Religion, solange sie dadurch niemandem schadet. Es besteht allerdings kein Anspruch darauf, die Einschränkung der Meinungs-, Gewissens- und Gedankenfreiheit anderer zu verlangen. Wer dieses Prinzip aufgibt, zerstört die Grundlage der wenigen freien Gesellschaften, in denen es überhaupt Religionsfreiheit gibt.

Viele Grüße
John Rawls (Abteilungsleiter: Politische Gerechtigkeit)

Wie unterscheiden sich Religion,
Kultur und Tradition?

Lieber Fanatiker!

Gläubige Menschen vertrauen darauf, dass ihre Religionen göttliche Wahrheiten verkündigen. Dieser Wahrheitsanspruch geht weit über die Traditionen einer Kultur hinaus und erhebt oftmals den Anspruch, für alle Menschen verbindlich zu sein.

Allerdings ist es nur fair anzumerken, dass diese Beurteilung an eine reine Innenperspektive gebunden ist.

„Wir sind im Besitz der wahren Religion, was die anderen betreiben, ist Aberglaube! Unser Glaube ist der einzig richtige, alles andere ist nur kulturelles Brauchtum!"

Wer so redet, nimmt für sich in Anspruch, den göttlichen Willen genau zu kennen und macht zugleich jede Möglichkeit der interreligiösen Verständigung zunichte.

Umso wichtiger ist es, zu betonen, dass eine strenge Unterscheidung von Religion, Tradition und Kultur aus der Außenperspektive eines Atheisten oder Deisten wenig sinnvoll erscheint. Kulturen bestehen aus den überlieferten und aktuellen Traditionen einer

Gemeinschaft, zu denen auch die religiösen Praktiken zählen. Von ihnen gab und gibt es viele und wahrscheinlich werden noch viele weitere hinzukommen. Anubis, Odin, Zeus und Osiris gehören der Vergangenheit an. Shiva, Jahwe, Gott und Allah prägen die Gegenwart. Die Namen zukünftiger Gottesvorstellungen kennen wir noch nicht. Entweder wird dieser Wandel als Beleg dafür angesehen, dass Religionen nichts anderes als Märchen sind. Oder man geht davon aus, dass es etwas Göttliches gibt, das in immer neuen Formen verehrt wird. In beiden Fällen ist jede Religion nichts anderes als eine kulturelle Tradition.

Diese Einordnung muss keinesfalls mit Geringschätzung verbunden sein. Viele Kulturgüter sind ausgesprochen schützenswert. Man denke nur daran, wie viele architektonische, musikalische und künstlerische Leistungen eng mit den Religionen verwoben sind. Insofern könnte sich auch ein Atheist für den Erhalt der Religionen einsetzen. Nur auf eines muss ein nicht religiöser Mensch bestehen: Die Religionen dürfen nicht die Regeln unseres Zusammenlebens bestimmen. Eine Tradition ist ein zufälliges, kulturelles Gebilde, kein ethisches Argument. Daraus, dass es eine gewisse Tradition gibt, folgt nicht, dass man sie auch befolgen sollte. Die Maya haben viele Jahre lang Gefangenen das Herz herausgeschnitten, um es ihrem Sonnengott zu opfern. Folgt daraus etwa, dass dieser Brauch weitergeführt werden sollte?

Selbstverständlich hat jeder das Recht, sein Privatleben nach religiösen Geboten zu gestalten. Das Zusammenleben muss allerdings nach Gesetzen erfolgen, denen wir alle zustimmen können.

Viele Grüße
Jean-Jacques Rousseau

Über Religion, Meinungsfreiheit und Rechtsstaat

Kann man auf die Interpretation der heiligen Schriften verzichten?

Lieber Fanatiker!

Der Streit um die heiligen Schriften ist nicht selten ein Ärgernis. Besonders Juden, Christen und Muslime sind sehr stolz auf die Thora, die Bibel und den Koran. Nicht wenige Gläubige bestehen darauf, dass in diesen Büchern der Wille Gottes wortwörtlich wiedergegeben wird. Aus diesem Grund lehnen sie es ab, die Texte zu interpretieren. Oft wird gefordert, dass die heiligen Texte nur in der Sprache ihrer ersten Fassung vorgelesen werden, obwohl die Gläubigen diese gar nicht verstehen.

Allerdings ist das Verbot von Interpretation ein Ding der Unmöglichkeit.

Erstens interpretiert das menschliche Gehirn jeden Satz, den es vernimmt. Wer Interpretation verbietet, stellt also eine Forderung, die der menschliche Verstand gar nicht erfüllen kann. Sätze wie *„Allah ist gütig"* oder *„Liebe deinen Nächsten wie dich selbst"* werden sehr unterschiedlich verstanden. Man kommt also gar nicht darum herum, sich wechselseitig zu erklären, wie man eine Aussage verstanden hat. *Zweitens* macht das Alter und die Entstehung der heiligen Schriften das Deuten und Interpretieren (*Hermeneutik*) unverzichtbar.

Die Autoren des Neuen Testamentes, die *Evangelisten,* sind *Jesus* nie begegnet. Es handelt sich also um Menschen, die aufgeschrieben haben, was ihnen vom Hörensagen bekannt war. Hinzu kommt das Sprachenproblem. Jesus dürfte Aramäisch gesprochen haben. Die Bibel ist in Hebräisch und Alt-Griechisch verfasst worden. Verbreitet wurde sie dann in Latein und schließlich in alle Sprachen der Welt übersetzt. Eine wortwörtliche Übertragung hilft beim Übersetzen oft nicht weiter. Würdest du das englische „How are you?" mit „Wie bist du?" und „I feel blue" mit „Ich fühl blau" übersetzen?

Muslime gehen davon aus, dass der *Erzengel Gabriel* dem Propheten *Mohammed* den *Koran* diktiert hat. Insofern ist es für einen Gläubigen nur folgerichtig, dass der Koran das unveränderliche Wort Gottes enthält. Doch selbst wenn das stimmt, ist damit nicht gesagt, dass die Menschen diese Worte richtig verstehen. Im Arabischen haben viele Worte zahllose Bedeutungen. *Der Gläubige kommt also gar nicht darum herum, sich durch Interpretation eine eigene Meinung zu bilden.*

Zudem sollte betont werden, dass die Interpretation große Vorteile eröffnet. Viele Teile der heiligen Schriften sind in einer sehr sperrigen Sprache verfasst und berichten von Entscheidungen und Handlungen, die nur schwer akzeptabel sind. Die Interpretation bietet die Gelegenheit, Kernaussagen hervorzuheben, die auch heute noch von Bedeutung sein können. Die

Schöpfungsgeschichte ist hierfür ein gutes Beispiel. Die Behauptung, dass Gott die Welt in sieben Tagen erschaffen habe, erscheint angesichts der wissenschaftlichen Erkenntnisse lächerlich. Wer indes darauf hinweist, dass für Gott ein Tag einen sehr langen Zeitraum darstellen könnte, der kann erstaunliche Parallelen zwischen Schöpfungsgeschichte und wissenschaftlicher Welterklärung finden.

Religionen, die Interpretation verbieten, schneiden sich ins eigene Fleisch.

Viele Grüße
Hans-Georg Gadamer (Abteilung Hermeneutik)

Kann man Gott beleidigen?

In der Vergangenheit ist es immer wieder zu blutigen Auseinandersetzungen gekommen, weil gläubige Menschen meinten, ihren Gott gegen Beleidigungen verteidigen zu müssen. Wer im Mittelalter behauptete, dass Maria bei Jesus Geburt keine Jungfrau gewesen sei, konnte schwer bestraft werden. In unseren Tagen haben vor allem radikale Muslime Bluttaten an Menschen begangen, die Allah oder den Propheten Mohammed abgebildet haben.

Hintergrund ist das bei Juden, Christen und Muslimen bekannte Gebot, wonach gläubige Menschen sich kein Bild von Gott machen sollen. Diese Forderung scheint in der Tat sehr weise zu sein: Wenn es einen Gott gibt, dann übersteigt er so sehr unsere Vorstellungskraft, dass ihm keine von Menschen angefertigte Darstellung gerecht werden kann. Dies gilt in gewisser Weise auch für den von Gott ausgewählten Propheten.

Aus diesem klugen Gedanken folgt jedoch weder, dass Abbildungen Gott beleidigen, noch dass diese zu bestrafen sind.

Erstens soll das Gebot den religiösen Menschen vor falschen Gottesbildern bewahren. Was die Ungläubigen tun, ist eigentlich egal.

Zweitens können Künstler Abbildungen gestalten, um ihre Religion zu preisen und gleichzeitig betonen, dass sie der Vollkommenheit Gottes niemals gerecht werden können. In der arabischen Kultur war dies jahrhundertelang der Fall. Die Museen dieser Welt sind voll mit Darstellungen von Mohammed, die von tief gläubigen Muslimen geschaffen wurden.

Drittens ist die Vorstellung, dass Gott selbst durch menschliche Abbildungen beleidigt werden könnte, absurd. Wenn das vollkommene Wesen durch keine menschliche Darstellung erfasst werden kann, dann kann es auch durch keine menschliche Abbildung beleidigt werden. Wer also meint, Gott oder den Propheten vor Beleidigungen schützen zu müssen, der reduziert sie auf die Stufe normaler Menschen. Er macht sich ein Bild von ihnen und verstößt somit gegen die eigenen Grundsätze.

Viele Grüße
Ernst Cassirer (Abteilung Symbolkritik)

Ist die Einschränkung von Religionsfreiheit und kultureller Traditionen eine Form des Rassismus?

Lieber Fanatiker!

Wesenskern des Rassismus ist die Reduktion des Individuums auf seine Zugehörigkeit zu einer Gruppe. Nicht die persönlichen Eigenschaften des individuellen Menschen werden berücksichtigt. Sein Wert wird allein aufgrund seiner Zugehörigkeit zu einer gewissen Gruppe bestimmt. Am bekanntesten ist die Diskriminierung von Menschen aufgrund biologischer Merkmale wie Hautfarbe, Größe, Augenform usw. Doch Vorsicht: Es gibt auch kulturellen Rassismus. In diesem Fall wird die angebliche Minderwertigkeit anderer Menschen mit deren Kultur oder Religion begründet. Diese Art der Herabwürdigung ist für die Betroffenen genauso verletzend wie der biologische Rassismus und eine Gesellschaft, die etwas auf sich hält, muss beiden Formen entgegentreten.

Wer allerdings jede Form der Religionskritik als Rassismus beschimpft, macht es sich zu einfach.

Zum einen kann es erforderlich sein, Glaubensgemeinschaften in die Schranken zu weisen, die selbst mit einem rassistischen Überlegenheitsanspruch andere Religionen diskriminieren. Zum anderen gibt es ein Phänomen, das der Philosoph *Pascal Bruckner* als

Rassismus der Antirassisten bezeichnet. Dieser Gedankengang kann wie folgt zusammengefasst werden:

Nehmen wir einmal an, eine Glaubens- oder Kulturgemeinschaft hat die lange Tradition, ihre Kinder durch Zwangshochzeiten zu vermählen. Nehmen wir weiter an, dass der Staat sich nicht einmischt, weil er nicht respektlos oder rassistisch auftreten will. Nach Bruckner wäre dies ein klassischer Fall von Rassismus, weil die betroffenen Kinder nicht den gleichen Schutz wie alle anderen Kinder erhalten.

Es kann zwischen Verfolgungs- und Unterlassungsrassismus unterschieden werden. Die jüngere deutsche Geschichte hat mit dem Holocaust das grauenvollste Beispiel des Verfolgungsrassismus hervorgebracht. Die Menschenrechte von Millionen wurden ohne Berücksichtigung der Individualität allein aufgrund einer tatsächlichen oder angeblichen Zugehörigkeit zum Judentum mit Füßen getreten. Die Faustregel des Verfolgungsrassismus lautet: Wir verletzen deine Menschenrechte, weil du einer bestimmten Gruppe angehörst.

Um diese Barbarei nie wieder entstehen zu lassen, wird insbesondere in Deutschland peinlich darauf geachtet, religiöse oder kulturelle Gruppen nicht zu diskriminieren. Dies ist richtig und wünschenswert. Allerdings darf nicht vergessen werden, dass die Individualrechte des Einzelnen immer an höchster

Stelle stehen müssen. Wenn das Diskriminierungsverbot gegen Gruppen über den Schutz des Individuums gestellt wird, kann es zum Unterlassungsrassismus kommen. Die Faustregel des Unterlassungsrassismus lautet: Wir schützen deine Menschenwürde nicht, weil du einer bestimmten Gruppe angehörst! Erneut wird das Individuum auf seine Zugehörigkeit zu einer Gruppe reduziert.

Einschränkungen der Religionsfreiheit und der kulturellen Toleranz können also durchaus rassistisch sein. Gleichzeitig können diese Eingriffe notwendig sein, um beispielsweise Menschen vor ihren eigenen Gemeinschaften zu schützen. Für einen Rechtstaat gilt: Individualrechte stehen an erster Stelle. Ein Staat, der diese nicht verteidigt, um nicht intolerant gegenüber Gemeinschaften zu erscheinen, ist in die Falle des *Rassismus der Antirassisten* getreten.

Viele Grüße
Theodor W. Adorno (Abteilung Dialektik)

Ist Toleranz gegenüber Religionen eine Selbstverständlichkeit?

Lieber Fanatiker!

Von Toleranz wird oft und gern gesprochen. Allerdings wissen nur wenige, was Toleranz eigentlich bedeutet. Oftmals rufen jene am lautesten nach Toleranz, die selbst am wenigsten dazu bereit sind. Andere halten Toleranz für eine Selbstverständlichkeit. In beiden Fällen ist das Wesen der Toleranz nicht verstanden worden.

Toleranz ist nicht das Gleiche wie Zustimmung oder Gleichgültigkeit. Wer von einer Sache angetan ist, muss nicht tolerant sein, er wurde bereits überzeugt. Wem alles egal ist, der ist ebenfalls nicht tolerant. Toleranz bedeutet, etwas zu erdulden. Der Philosoph *Rainer Forst* hat herausgearbeitet, dass Toleranz erst dann beginnt, wenn jemand etwas ablehnt.

Die Gründe, etwas trotz dieser Ablehnung zu erdulden, sind verschieden. Oft fehlt schlicht die Macht, um den Zustand ändern zu können. Vielleicht verspricht man sich auch einen Vorteil davon, nicht einzuschreiten, obwohl man es könnte. Echte Toleranz beginnt dort, wo jemand sich selbst diszipliniert, einen Zustand hinzunehmen, obwohl er ihn ablehnt und beenden könnte. Es ist ein Kraftakt gegen die eigenen Empfindungen und Überzeugungen. Gespeist wird diese Haltung aus der Einsicht, dass auch die eigene Lebensweise und die eigenen Wertvorstellungen nicht von jedermann geteilt werden. Bei einem Konflikt muss der andere also gehört werden. Zudem gilt es zu überdenken, ob die eigenen Überzeugungen zweifelsfrei richtig sind. Voltaire sagte: *„Toleranz ist die Nächstenliebe der Intelligenz".*

Allerdings hat echte Toleranz auch Grenzen. Toleranz muss Grenzen haben. Wer für alles offen ist, ist nicht ganz dicht! Es besteht eine Pflicht zur Rechtfertigung und zum Geben von Gründen. Wer nur schreit „Ich will das aber so!" oder „So machen wir das schon immer!" hat keinen Anspruch auf Rücksicht. Echte Gründe müssen nicht von allen Beteiligten geteilt aber verstanden werden. Wer keine Gründe geben kann, die auch außerhalb seiner Gemeinschaft nachvollzogen werden können, hat keinen Anspruch darauf, toleriert zu werden. Verstoßen seine Forderungen zugleich gegen gut begründete Regeln, so ist die Toleranz am Ende.

Eine gute Gelegenheit zur Toleranz bot der Streit um die sogenannte Knabenbeschneidung, aber davon mehr im nächsten Brief.

Viele Grüße
Denis Diderot (Abteilung: Wissen und Aufklärung)

Wieso muss man die Knabenbeschneidung theoretisch ablehnen und kann sie dennoch tolerieren?

Lieber Fanatiker!

In den letzten Jahren gab es eine intensive Debatte um die Frage, ob es Juden und Muslimen erlaubt werden darf, ihren Söhnen die Vorhaut zu entfernen, obwohl keine medizinische Notwendigkeit besteht. Für Juden ist die Beschneidung ihrer Söhne eine religiöse Pflicht (1 Mos 17:10-14). Von den Muslimen wird die Beschneidung nicht explizit durch den Koran gefordert. Allerdings besteht eine lange Tradition, die bis zum Propheten Mohammed und zu Abraham zurückreicht.

Ethisch betrachtet ist das Beschneidungsgesetz eindeutig falsch.

Erstens begründen Traditionen keine Normen. Es gibt wertvolle und erschreckende, akzeptable und inakzeptable Traditionen. Das Kriterium für deren Bewertung kann nicht aus den Traditionen selbst gewonnen werden.

Zweitens besteht das Primat des Individuums. Grundlage des freiheitlichen Rechtstaates ist die Vertragstheorie, die Vorstellung eines Zusammenschlusses freier Individuen. Aus diesem Prinzip ergibt sich eine unmissverständliche Hierarchie, die auch in der Beschneidungsfrage verbindlich ist. Niemand würde einen Gesellschaftsvertrag unterschreiben, in dem nicht zumindest seine körperliche Unversehrtheit garantiert wird. Sowohl das Erziehungsrecht der Eltern als auch die Religionsfreiheit sind diesem Anspruch untergeordnet.

Damit ist der Fall theoretisch erledigt. Ohne Zustimmung des Betroffenen und ohne medizinische Notwendigkeit darf niemandem ein Teil seines Körpers abgetrennt werden. Die Freiheit des Einzelnen endet vor der Nase und nicht hinter der Vorhaut des anderen.

Damit die Knabenbeschneidung dennoch toleriert wird, müssten Gründe genannt werden, die zumindest von allen nachvollzogen werden können. Tatsächlich gibt es mindestens einen Aspekt, der es verdient, berücksichtigt zu werden. Es stellt sich die Frage, was auf lange Sicht für die Glücksmaximierung der gesamten Gesellschaft oder auch nur des betroffenen Kindes besser ist. Ist es ratsam, das Kind mit aller Konsequenz vor den organischen und psychischen Risiken des Eingriffes zu schützen und die Verunsicherung seines Umfeldes in Kauf zu nehmen? Bekommt es dem Kind vielleicht besser, wenn der Übergriff hingenommen wird und das Kind dafür in einem religiösen Umfeld aufwächst, das sich angenommen fühlt und integrationsbereit zeigt? Ein utilitaristisches Kalkül des Kindeswohles könnte also durchaus die Beschneidung befürworten.

Dieses Argument und die Rücksicht auf die religiösen Gefühle von Juden und Muslimen haben dazu geführt, dass die Knabenbeschneidung trotz theoretischer Ablehnung in vielen Rechtstaaten erlaubt wurde.

Viel ist gewonnen, wenn die Religionsgemeinschaften erkennen und anerkennen, dass der säkulare Rechtsstaat bis an die Grenzen seines Selbstverständnisses gehen musste, um dieses Entgegenkommen zu ermöglichen.

Geschieht dies nicht, so ist der Rechtsstaat nicht nur über den Schatten seiner Prinzipien gesprungen, sondern auch über seine eigene Toleranz gestolpert.

Viele Grüße
N.N. (Praktikant)

Wie viel Konkurrenz müssen Religionen ertragen?

Die Konkurrenz zwischen den Religionen ist ein spannendes Thema. Auf der einen Seite fühlen sich viele religiöse Menschen dazu verpflichtet, ihren Glauben in die Welt zu tragen. Auf der anderen Seite reagieren genau diese Menschen sehr empfindlich, wenn in ihrer Umgebung ein fremder Glauben verbreitet wird. Besonders deutlich wird dies im Christentum und im Islam. Beide betreiben Missionsarbeit, sehen es aber gar nicht gern, wenn ihre Gläubigen von einer anderen Religion überzeugt werden. Einige Auslegungen des Islam fordern sogar, den Abfall vom Glauben (*Apostasie*) mit dem Tode zu bestrafen. In den vergangenen Jahren wurden sowohl Menschen, die einen neuen Glauben annahmen, als auch fremde Missionare mit dem Tode bedroht.

Religionen, die an dieser Praxis festhalten, verstoßen eindeutig gegen die Menschenrechte. Meinungsfreiheit und Religionsfreiheit gehören zu den höchsten Gütern, die von den Menschenrechten geschützt werden. Jeder hat das Recht, seine Religion frei zu wählen, aufzugeben oder zu ändern. Ohnehin kann die Weisheit der Koransure nicht oft genug betonen: „Es gibt keinen Zwang im Glauben". Überzeugungen stellen sich entweder ein oder nicht. Man kann weder sich selbst noch anderen befehlen, an eine Gottesvorstellung zu glauben.

Aus der Meinungsfreiheit folgt der Anspruch, Überzeugungen und Glaubensinhalte verkünden zu dürfen. Gleichzeitig hat jeder Mensch das Recht, nicht gegen seinen Willen durch religiöse Glaubensinhalte belästigt zu werden. Missionarsarbeit ist demnach nur dann akzeptabel, wenn sie als solche zu erkennen ist und die Möglichkeit besteht, ihr aus dem Wege zu gehen.

Die aggressive Eifersucht zwischen den Religionen erinnert an einen Minderwertigkeitskomplex. Konkurrenz fürchtet ja nur derjenige, der sich seiner Sache nicht ganz sicher ist.

Wie auch immer gläubige Menschen andere Religionen beurteilen, eines müssen sie zugeben: Ihr Gott hat bisher darauf verzichtet, die anderen Religionen zu vernichten. Könnte es also sein, dass Gott Gefallen an der Vielfalt der Religionen findet? Ist es möglich, dass jede Religion mindestens einen Aspekt hat, der Gott besonders erfreut? Da niemand mit Sicherheit den göttlichen Willen erkennen kann, bietet sich folgende Lösung an: Jede Religion darf ihre Lehren an allen Orten friedlich vertreten. Diejenige Religion, die der göttlichen Wahrheit am nächsten ist, wird auf lange Sicht den größten Zuspruch erfahren.

In der *Ringparabel* wird dieser Gedanke in einem Gleichnis zusammengefasst: Ein Vater besitzt einen wunderschönen Ring, der seinen Träger zu einer Freude Gottes und der Menschen werden lässt. Der Vater hat allerdings drei Söhne und möchte keinen von ihnen bevorzugen. So kommt es, dass jeder der Söhne einen eigenen Ring erbt. Zwei Ringe sind Duplikate, doch sie gleichen einander sosehr, dass niemand das echte Erbstück zu erkennen vermag. Daher wird beschlossen, dass jeder seinen Ring mit Stolz tragen solle. Allein die Zeit soll zeigen, welcher Ringträger mehr Freude in den Augen Gottes und der Menschen erzeugt. Kein schlechtes Vorbild für das Miteinander der Religionen, oder?

Viele Grüße
Gotthold Ephraim Lessing
(Abteilung Aufklärung und Toleranz)

Über Atheismus und Ethik

Kann ein Atheist ein guter Mensch sein?

Lieber Fanatiker!

Die Antwort auf die oben gestellte Frage hängt von drei Grundsatzentscheidungen ab.

1. Ist es böse, nicht zu glauben?

2. Wird ein Mensch nur durch den Glauben an einen Gott gut?

3. Ist eine Tat oder Absicht nur dann gut, wenn sie durch die Achtung vor den göttlichen Gesetzen motiviert wurde?

Wer Frage Nr. 1 mit „Ja" beantwortet, widerspricht der Logik und den heiligen Schriften. Wie wir bereits besprochen haben, ist Entscheidungsfreiheit die notwendige Voraussetzung für gute bzw. böse Handlungen. Wenn du stiehlst, ist das böse, denn es lag in deiner Macht, dich dagegen zu entscheiden. Wenn du dich aber verliebst, ist das weder gut noch böse. Es ist dir geschehen. Du konntest das Verlieben durch eine Entscheidung weder verhindern noch erzwingen. Mit dem Glauben verhält es sich ganz ähnlich. Entweder entwickelt man ein religiöses Gefühl, eine religiöse Überzeugung oder eben nicht. Man kann sich nicht selbst befehlen zu glauben. Jemandem einen Vorwurf für seine Ungläubigkeit zu machen, ist daher sinnlos.

„Es gibt keinen Zwang im Glauben", lehrt der Koran.

Frage Nr. 2 mit „Ja" zu beantworten, wirft absurde Probleme auf! Wer so antwortet, muss behaupten, dass in all den Jahrtausenden vor Moses, Jesus oder Mohammed nicht ein einziger guter Mensch existierte. „An ihren Taten sollt ihr sie erkennen", steht in der Bibel. Demnach kommt es vor allem darauf an, wie ein Mensch sich verhält und nicht, woran er glaubt.

Frage Nr. 3 ist nur dann mit „Ja" zu beantworten, wenn man davon ausgeht, dass allein der Gehorsam gegenüber Gott den Kern des Guten ausmacht. Ihm zu gehorchen, wäre gut, egal was er fordert. Da es aber theoretisch möglich ist, sich einen bösen Gott vorzustellen, führt dieser Gedanke in eine Sackgasse. Viel überzeugender ist es, zu glauben, dass Gott gewisse Dinge fordert, weil sie an sich gut sind. Hilfsbereitschaft ist an sich gut, unabhängig davon, ob auch Gott dies wünscht. Ein Beispiel: Allah fordert Mildtätigkeit und das Geben von Almosen (Spenden). Angenommen ein Atheist spendet aus reiner Menschenliebe oft und viel. Müsste ein guter Gott diese Tat nicht begrüßen? Müsste ein solcher Gott unseren großzügigen Menschenfreund nicht auch für wertvoll halten? Und: Kann ein Gott, der zwar die Tat segnet, den Menschen aber verdammt, weil aus Menschenliebe aber nicht aus Gottesfurcht gehandelt wurde, noch „gut" genannt werden?

Was bleibt, ist die Frage, ob man ohne Glauben eine Moral entwickeln kann. Dazu mehr im nächsten Brief.

Viele Grüße
David Hume (Abteilung Skeptizismus)

Kann es eine Ethik ohne Gott geben?
– Tugend

Lieber Fanatiker!

Viele Menschen befürchten, dass ohne einen Glauben, ohne göttliche Gebote ein moralischer Verfall einsetzen würde. Dahinter steht die Überzeugung, dass Ungläubige keine moralischen Prinzipien entwickeln können.

Diese Annahme ist ganz einfach falsch. Viele angesehene Moralphilosophen waren erklärte Atheisten. In jedem Fall wurden ethische Theorien formuliert, die gänzlich ohne Gott funktionieren.

Aristoteles meinte, dass der höchste Wert im menschlichen Leben das Glück sei.

Alles, was wir tun, tun wir, um glücklich zu werden. Vollkommenes Glück bedeutet, keine weiteren Bedürfnisse mehr zu haben. Daher ist das Glück das Endziel allen menschlichen Strebens.

Zur Erreichung des Glücks sind zwei Prinzipien zu beachten.

1. Die Verwirklichung der wesenhaften Anlage. Alle Dinge haben einen Wesenskern, etwas, das sie zu dem macht, was sie sind. Je mehr dieser Wesenskern verwirklicht wird, je gelungener ist das Leben. Eine

Blume, die nie blüht, hat kein gelungenes Dasein. Adler müssen fliegen usw. Auch wir Menschen haben wesenhafte Anlagen. Was uns von allen Tieren unterscheidet, ist das rationale Denken. Wer also nicht nachdenkt, führt kein gelungenes menschliches Leben. Zudem sind wir politische Wesen. Wir brauchen eine funktionierende Gemeinschaft, um ein erfülltes Dasein führen zu können. Aus diesem Grund ist es auch so wichtig, andere Menschen gerecht zu behandeln. Andernfalls kann es weder echte Gemeinschaft noch wahre Freundschaft geben.

2. Die rechte Mitte. Alles wird schlecht durch ein Zuviel oder Zuwenig. Das Gute liegt in einer schwer zu treffenden Mitte. Großzügigkeit ist das rechte Maß zwischen Verschwendungssucht und Geiz. Tapferkeit ist die rechte Mitte zwischen Feigheit und Übermut. Sich selbst durch Nachdenken immer wieder um das rechte Maß zu bemühen, nennt Aristoteles *Tugend*.

Wie man sieht, funktioniert die Tugendlehre des Aristoteles sehr gut ohne Gott. Allerdings ging es Aristoteles hauptsächlich um das eigene, gute Leben. Regeln für das Behandeln der Mitmenschen formuliert er selten. Da waren andere besser. Dazu mehr im nächsten Brief.

Viele Grüße
Seneca (Abteilung Lebenskunst)

Kann es eine Ethik ohne Gott geben?
– Das Glück der Mehrheit

Zu den Philosophen, die eine Ethik ganz ohne Gott entwickelt haben, gehören die sogenannten *Utilitaristen*. Ihr System funktioniert so:

Aristoteles hat recht. Alle Menschen wollen glücklich sein. Also sollte die Vermehrung des Glücks aller Menschen zum Maßstab allen Handelns erhoben werden. Da es aber sehr schwierig ist, Glück zu erzeugen, genügt es, nützlich zu sein. Wenn ein Verdurstender Wasser bekommt, wird er vielleicht nicht glücklich, nützlich ist es aber bestimmt.

Das Gesetz der Moral lautet:

Handle so, dass du langfristig den größtmöglichen Nutzen für die größtmögliche Anzahl von Personen erzeugst.

Kurz, knackig und überzeugend, nicht wahr? Allerdings sollten wir nicht verschweigen, dass der Utilitarismus an mindestens drei Punkten kritisiert werden kann.

Problem Nr. 1 ist nicht so gravierend. Es handelt sich um die Tatsache, dass wir die langfristigen Folgen einer Handlung nie ganz überschauen können. Kurzfristige Vorteile können auf lange Sicht ungeahnte Nachteile erzeugen. „Na und?", ruft der Utilitarist. „Es genügt, wenn wir nach bestem Wissen und Gewissen handeln!"

Problem Nr. 2 wiegt schwer. Aus der Tatsache, dass alle Menschen glücklich sein wollen, folgt nicht, dass man Rücksicht auf das Glück der anderen nehmen soll. Ebenso gut wäre es möglich, einen radikalen Egoismus zu vertreten.

Problem Nr. 3 ist der Minderheitenschutz. Wenn das Glück der Mehrheit der alleinige Maßstab ist, kann es keinen Minderheitenschutz geben. Beispielsweise wäre es gut, einen Menschen zu töten und seine Organe zur Rettung von zehn kranken Patienten zu nutzen.

Zwar sprechen sich alle Utilitaristen für Minderheitenschutz und gegen Egoismus aus, aber das System des Utilitarismus kann diese Werte nicht begründen. Dazu muss man eher auf *Kant* zurückgreifen, aber dazu mehr im nächsten Brief.

Viele Grüße
John Stuart Mill (Abteilung Handlungsutilitarismus)

Kann es eine Ethik ohne Gott geben?
– Die Pflicht der Vernunft

Lieber Fanatiker!

Eines der wirkungsmächtigsten philosophischen Systeme, das gänzlich auf die Annahme eines Gottes verzichtet, ist die sogenannte Pflichtenethik von *Immanuel Kant*. Hier eine kurze Zusammenfassung:

Der Mensch ist das zum Guten fähige Wesen! Warum? Weil er eine Wahl hat! Soweit wir wissen, kann allein der Mensch entscheiden, ob er seinen Trieben oder seinem Gewissen folgen will. Er hat also die Freiheit der Entscheidung. Natürlich kann das sogenannte Gewissen auch aus der blinden Befolgung anerzogener Regeln bestehen. In diesem Fall ist der Mensch nicht viel mehr als ein dressierter Hund. Aber es ist auch möglich, das Gewissen als freien Gerichtshof der Vernunft zu verstehen. Ein Ort, an dem der Mensch sich selbst Rechenschaft ablegt und nur diejenigen Regeln akzeptiert, die seine Vernunft als allgemeingültig anerkennt.

Die Absicht, das eigene Tun vor dem Gerichtshof der Vernunft zu prüfen, nennt Kant den *guten Willen.* Allein der gute Wille ist absolut gut. Alle anderen Dinge sind nur relativ gut. Ein scharfes Messer ist gut zum Schneiden, aber nicht an sich. Klugheit ist nicht an sich gut, sondern abhängig davon, wofür man sie gebraucht. Kluge Menschen und scharfe Messer können bekanntlich viel Böses tun. Absolut gut ist also nur der gute Wille.

Wie kann ich aber sicher sein, dass mein Gewissen wirklich einem guten Willen verpflichtet ist? Vielleicht sind meine Triebe so stark, dass ich mir einbilde, ihre Befriedigung sei vernünftig. Vielleicht haben mich Erziehung und Gesellschaft so sehr geprägt, dass ich ihre Regeln und Traditionen für vernünftig halte, obwohl sie es gar nicht sind.

Um dieses Problem zu lösen, hat Kant den berühmten *Kategorischen Imperativ* formuliert:

„Handle nur nach derjenigen Maxime, durch die du zugleich wollen kannst, dass sie ein allgemeines Naturgesetz werde."

Dieses Sittengesetz soll dafür sorgen, dass unsere Entscheidungen nicht von persönlichen Bedürfnissen oder zufälligen kulturellen Prägungen bestimmt werden. *Maxime* sind die Motive und Grundsätze, die unsere Entscheidungen bestimmen. Beispiele für Motive wären Egoismus, Mitleid oder Wut. Grundsätze wären beispielsweise „Jeder ist sich selbst der Nächste" oder „Der Klügere gibt nach".

Der Kategorische Imperativ fordert, nur derjenigen Maxime zu folgen, die als Naturgesetz akzeptabel wäre. Eine Maxime ist dann gut, wenn wir wollen können, dass die gesamte Menschheit zu jeder Zeit automatisch auf diese Weise entscheidet und handelt.

Ein Beispiel: Seit Jahrhunderten rechtfertigen Soldaten ihr Tun mit dem Grundsatz „Befehl ist Befehl!". Können wir denken und wollen, dass jeder Mensch zu allen Zeiten jeden Befehl ausführt, der ihm erteilt wird? Sicher nicht – schließlich gab und gibt es jede Menge schrecklicher Befehle. Die Maxime „Befehl ist Befehl" ist also nicht allgemeingültig und kann vor dem Kategorischen Imperativ nicht bestehen.

Auch religiöse Regeln, wie die Zehn Gebote, lassen sich hinterfragen.

„Du sollst nicht morden!" Dieses Gebot findet die Zustimmung des Kategorischen Imperativs. Wir können eine Welt wollen, in der kein Mensch dazu in der Lage ist, einen Mord zu begehen. Das Gebot „Du sollst Vater und Mutter ehren" erscheint hingegen problematisch. Können wir wirklich wollen, dass jeder Vater und jede Mutter verehrt wird, egal, wie diese sich verhalten?

Wie auch immer man die Frage beantwortet, die kantische Philosophie ist ein weiterer Beleg dafür, dass ethische Systeme ganz ohne Religion entwickelt werden können.

Herzliche Grüße
Karl Leonhard Reinhold (Abteilung Kant ist klasse)

Können die Menschenrechte ohne Religionen begründet werden?

Die Antwort auf die oben gestellte Frage lautet eindeutig „JA".

Religionen können helfen, die Menschenrechte zu begründen. Aussagen wie „Gott schuf den Menschen nach seinem Ebenbild" oder „Alle Menschen sind entweder Brüder im Glauben oder Brüder in der Menschlichkeit" (erinnere dich an Ali ibn Abi Talib) schreiben allen Menschen einen besonderen Wert zu.

Abgeleitet wurden die Menschenrechte allerdings aus anderen Theorien. Bereits 300 Jahre vor Christus vertraten die *Stoiker* die Auffassung, dass allen Menschen aufgrund ihrer Vernunftbegabung ein besonderer Wert zukomme. 2.000 Jahre später setzten die Philosophen der *Aufklärung* diesen Gedankengang fort. Die Vernunft ermöglicht die Entscheidungsfreiheit. Der Mensch ist nicht an seine Instinkte und Triebe gefesselt. Er besitzt die Fähigkeit, auch gegen seine Gefühle und Wünsche zu entscheiden und zu handeln. Der Mensch ist das zum Guten fähige Wesen. *Genau darin liegt der Kern der Menschenwürde.*

Historisch muss betont werden, dass die *Menschenrechte nicht mit, sondern gegen die Kirchen* erkämpft wurden.

Die erste *Erklärung der Menschenrechte 1789* wurde von den Päpsten verurteilt. Für die Kirche war der Mensch durch die Erbsünde belastet und konnte erst durch den Glauben wertvoll werden. Zudem pochte man auf das Naturrecht, in dem Gott Herrscher und Diener vorgesehen habe.

Erst nach dem Schock des Zweiten Weltkrieges waren die meisten Kirchen bereit, der *Allgemeinen Erklärung der Menschenrechte von 1948* zuzustimmen. In den vergangenen Jahrzehnten ist diese Zustimmung leider relativiert worden. 1990 wurde die Kairoer Erklärung der Menschenrechte im Islam verabschiedet. Die unterzeichnenden Staaten erklärten die Scharia, die Rechtslehre des Islam, zur Grundlage der Menschenrechte. Ein Schritt, der nachdenklich macht. Zwar betonen zahlreiche Gelehrte, dass die Scharia Grundrechte befürwortet. Allerdings wird dort zwischen Männern und Frauen ebenso unterschieden wie zwischen Gläubigen und Ungläubigen. Mit der ursprünglichen Idee allgemeiner Menschenrechte hat dies wenig zu tun.

Religionen können die Menschenrechte also sowohl unterstützen als auch behindern. Zur Begründung der Menschenrechte sind sie nicht erforderlich.

Viele Grüße
Jean-Jacques Rousseau („Der Mensch ist frei geboren,
doch überall liegt er in Ketten")

Über Religion und Lebensqualität

Hat die Religion einen
ethischen Mehrwert?

Lieber Fanatiker!

Die heutige Frage ist sehr umstritten. Kritische Stimmen sprechen religiösen Systemen jeden ethischen Wert ab. Ethik, so die Kritiker, sei der Versuch Werte und Normen zu definieren, die für alle Menschen und zu allen Zeiten nachvollziehbar und verbindlich sind. Hierfür sei es erforderlich, von einer Basis auszugehen, die für alle Menschen akzeptabel ist – beispielsweise das Streben nach Glück oder die Vernunft. Religiöse Wertesysteme beginnen aber notwendig mit der Prämisse: „Gott ist!". Da diese Annahme für viele Menschen auf unserer Erde ein reines Hirngespinst ist, taugen die Religionen auch nicht als Grundlage für eine gemeinsame Wertebasis. Zudem wird kritisiert, dass Religionen oftmals mit Angst und nicht mit Überzeugung arbeiten. Angst ist aber kein ethisch wertvolles Motiv. Nehmen wir an, ein Mann rettet ein Kind vor dem Ertrinken. Er tut dies aber nicht aus Menschenliebe, sondern aus Angst, anderenfalls in die Hölle zu kommen. Können wir dann von einem guten Menschen sprechen? Müssen wir nicht befürchten, dass derselbe Mann das Kind sogar ins Wasser stoßen würde, sofern ihm diese Handlung als heilige Pflicht verkündet würde?

Allerdings kann die Möglichkeit einer religiösen Ethik auch verteidigt werden.

Erstens muss ein religiöser Mensch gar nicht beanspruchen, dass seine Glaubenslehre die Grundlage der gemeinsamen Wertvorstellungen bildet. Es könnte ihm genügen, sein privates Leben nach diesen Grundsätzen auszurichten.

Zweitens lässt sich auf Probleme verweisen, die von einer rein philosophischen Ethik nur schwer zu lösen sind. Ein gutes Beispiel ist der Schutz der Umwelt. Ohne religiöse Vorstellungen fällt es schwer, der Natur einen Wert an sich zuzuschreiben. Ein Gebirge ist dann nur noch ein Haufen Steine und die Ozeane eine große Menge H2-0. Religiöse Menschen hingegen sehen in der Natur die Erhabenheit der göttlichen Schöpfung und fühlen sich zu deren Schutz verpflichtet. Man kann diese Ehrfurcht als eine weitere Form der religiösen Angst verurteilen, aber man sollte zugeben, dass auch die philosophische Ethik ihre Schwachstellen hat. Die Konzentration auf Wissenschaft und Wirtschaft hat viele Vorteile gebracht. Sie hat unserem Planeten aber auch großen Schaden zugefügt.

Und dann sind da noch die vielen sozialen Einrichtungen und Hilfsprojekte, die von Kirchen und Glaubensgemeinschaften betrieben werden. Kritiker betonen, dass diese Dinge genauso gut von säkularen Organisationen getragen werden können und werden. Richtig ist aber auch, dass Religionen die Anzahl der Menschen erhöhen, die sich sozial engagieren. In der

Betreuung von Alten und Sterbenden haben die Religionen sogar einen konkreten Vorteil. Sie vermitteln die Hoffnung auf ein Leben nach dem Tod. Ein Atheist mag dies als Täuschungsmanöver verurteilen. Allerdings kann die Möglichkeit eines Lebens nach dem Tod nicht ausgeschlossen werden, weshalb eine religiöse Hoffnung durchaus als ethischer Gewinn angesehen werden kann.

Viele Grüße
Max Weber

Kann ein Mensch gläubig sein, ohne einer Religion anzugehören?

Lieber Fanatiker!

Ist es überhaupt möglich, nicht zu glauben? Kann Glaube nur in einer Gemeinschaft gelebt werden? Wie wir bereits besprochen haben, gehen viele Erkenntnistheoretiker davon aus, dass unser Gehirn religiöse Annahmen gar nicht vermeiden kann. Irgendwann muss alles einmal angefangen haben und dieser allererste Anfang kam aus dem Nichts. Das ist und bleibt ein Wunder.

Wer sich keiner Religionsgemeinschaft anschließt, der wird oftmals beschuldigt, nicht „richtig" zu glauben. Allerdings bewegt sich diese Anschuldigung auf ziemlich dünnem Eis. In den heiligen Schriften wird immer wieder davon berichtet, dass sich Menschen in die Einsamkeit zurückzogen, um Gott nahe zu sein. Hatten Jesus oder Mohammed einen „falschen" Glauben, bevor sie Anhänger um sich scharrten und feste Rituale einführten? Wer andere beschuldigt „falsch" zu glauben, muss für sich in Anspruch nehmen, im Besitz der „wahren" Religion zu sein und genau zu wissen, wie Gott verehrt werden will. Aber ist dies nicht eine Anmaßung? Gerade die Religionen betonen doch immer wieder, dass Gott sich der Vorstellungskraft der Menschen entzieht. Wer also anderen religiöse Vorschriften macht, vertritt eine sehr konkrete Vorstellung von Gott und verstößt gegen seine eigenen Überzeugungen.

Glaube ohne Religionsgemeinschaft wird unter anderem von den sogenannten *Deisten* vertreten. Zu ihnen zählten viele namhafte Philosophen wie *Voltaire* oder *Thomas Jefferson*. Deisten sind Menschen, die sich als gläubig bezeichnen, ohne einer Religionsgemeinschaft anzugehören. Sie führen den Beginn der Welt auf ein göttliches Wesen zurück, das vom menschlichen Verstand nicht erfasst werden kann. Religiöse Rituale oder Organisationen belächeln sie als Menschenwerk. Die tiefe Gewissheit einer ersten, göttlichen Ursache sei die älteste und einzig wahre Religiosität des Menschen. Anbetung kann auf viele verschiedene Arten erfolgen und keine ist besser als die andere. Wer für sich beansprucht, die einzig wahre Religion zu kennen, verwechselt menschliche Vorstellungen mit Gott. Glaube bedarf jedoch keiner Organisation.

Viele Grüße
John Locke

Sollte man sich einer
Religionsgemeinschaft anschließen?

Lieber Fanatiker!

Nehmen wir einmal an, zwei Marsmännchen würden versuchen, für die Menschheit eine möglichst positive Zukunft zu planen. Die Beurteilung der Religion würde wahrscheinlich von zwei Fragen abhängen.

1. Tragen die Religionen dazu bei, dass die Menschen anständig miteinander umgehen?

2. Machen Religionsgemeinschaften glücklich?

Schon die erste Frage ist nicht leicht zu beantworten. Fast alle Religionen verbieten Mord, Raub und Grausamkeit. Sie können sich also positiv auf das Verhalten der Menschen auswirken. Andererseits werden Religionen immer wieder zur Rechtfertigung von Krieg und Gewalt herangezogen. Wahrscheinlich würden unsere Marsmännchen daher nur Religionen zulassen, die zuvor ihre friedliche Natur bewiesen haben.

Die zweite Frage ist nicht weniger kompliziert. Auf der einen Seite bieten Religionsgemeinschaften die Hoffnung auf ein Leben nach dem Tod, soziale Wärme, Zusammengehörigkeitsgefühl, Freizeitaktivitäten und soziale Projekte. Auf der anderen Seite können religiöse Regeln auch erdrückend sein und dem Glück des Einzelnen im Wege stehen. Zudem kommt die Androhung von Strafe bis hin zu ewigen Höllenqualen.

Epikur hat bereits dreihundert Jahre vor Christus hilfreiche Tipps für den Umgang mit der Religion formuliert. Sein Kredo lautet:

„Nicht die Menschen sollen den Religionen, sondern die Religionen sollen den Menschen dienen."

Konkret bedeutet dies, dass jeder Mensch frei entscheiden soll, ob Religion ihm guttut. Spenden die Religionen Wärme, Trost und Zuversicht, so spricht nichts dagegen, sich einer Glaubensgemeinschaft anzuschließen.

Wenn der Glaube aber Ängste weckt und Druck ausübt, so wird es Zeit, sich von ihm zu befreien.

Sapere Aude!
Dein Sokrates

Bildnachweis

Der Autor

 Markus Tiedemann lehrte als Professor für Praktische Philosophie und Philosophiedidaktik an den Universitäten Mainz und Berlin und folgte 2015 einem Ruf an die Technische Universität in Dresden. Er ist Autor der gleichnamigen Serie in der Frankfurter Rundschau.

BASCHA MIKA
ARND FESTERLING (HG.)

Was ist gerecht?

Argumente für eine bessere Gesellschaft

Frankfurter Rundschau

Bascha Mika (Hg.), Arnd Festerling (Hg.)
Was ist gerecht?

Haben wir etwas verlernt? Ist uns das Selbstverständliche abhanden gekommen? Oder sind urkonservative Werte wie Gerechtigkeit, Solidarität und Respekt einfach überholt? Im Herbst 2014 hatte sich die Frankfurter Rundschau mit der Frage „Was ist gerecht?" auseinandergesetzt. Nach dem großen Erfolg der reihe haben die Chefredakteure Bascha Mika und Arnd Festerling nun die wichtigsten Beiträge gesammelt und in einem Buch herausgegeben.

Den AutorInnen gelingt der schwierige Spagat zwischen sachlicher Fundierung und eingängiger Aufbereitung, so dass die Leser gut verständlich über Mensch, Politik und Wirtschaft gleichzeitig informiert und zum Nach- und Überdenken auch des eigenen Handelns angeregt werden.

248 Seiten, Hardcover, ISBN 978-3-95542-154-0 14,80 Euro

JF WWW.SOCIETAETS-VERLAG.DE